SIÉGE DE ROME.

SIÉGE DE ROME

EN 1849,

PAR L'ARMÉE FRANÇAISE.

JOURNAL

DES

OPÉRATIONS DE L'ARTILLERIE ET DU GÉNIE,

PUBLIÉ AVEC L'AUTORISATION DU MINISTRE DE LA GUERRE.

Valerius Corvus, quia id arduum factu erat,
labore militum potiùs quàm periculo peragere
incœptum voluit : itaque aggerem et vineas egit,
turresque muro admovit.   T. Liv. lib. VIII.

PARIS.

IMPRIMERIE NATIONALE.

M DCCC LI.

LE GÉNÉRAL VAILLANT AU MINISTRE DE LA GUERRE.

Paris, le 26 février 1851.

Monsieur le Ministre,

Les officiers généraux auxquels M. le général Rullière, l'un de vos prédécesseurs, avait confié le commandement de l'artillerie et du génie au siége de Rome, ont pensé qu'il ne serait peut-être pas sans intérêt de publier la relation des travaux qu'ils ont fait exécuter, pendant ce siége, sous la direction et le commandement supérieurs de M. le général Oudinot de Reggio.

Ils ont pensé aussi que les opérations dont ils avaient à rendre compte, et les circonstances qui les ont motivées, acquerraient plus de relief et seraient d'une appréciation tout à la fois plus facile et plus instructive, si, au lieu de publier à part, comme cela se fait ordinairement, un journal spécial pour l'artillerie et un autre journal pour le génie, on réunissait et coordonnait dans une seule relation tout ce qui a été fait par les deux services.

C'est cette relation unique que, au nom de M. le général Thiry et en mon nom personnel, j'ai l'honneur de vous demander l'autorisation de faire imprimer.

Veuillez agréer, Monsieur le Ministre, l'hommage de mes sentiments respectueux.

Le Général de division,
VAILLANT.

LE MINISTRE DE LA GUERRE

AU GÉNÉRAL VAILLANT, PRÉSIDENT DU COMITÉ DES FORTIFICATIONS.

Paris, le 1ᵉʳ mars 1851.

Général,

J'ai reçu la lettre que vous m'avez fait l'honneur de m'écrire le 26 février dernier, et par laquelle vous demandez, en votre nom personnel et au nom de M. le général Thiry, l'autorisation de faire imprimer la relation des travaux exécutés par l'artillerie et par le génie au siége de Rome.

J'accorde avec empressement l'autorisation d'imprimer ce document presque officiel, qui complétera les renseignements déjà connus sur cette importante opération de guerre.

Cette relation, publiée de concert par les deux armes, donne une nouvelle preuve du patriotique concours qu'elles se sont prêté sous les murs de Rome.

Recevez, Général, l'assurance de ma considération la plus distinguée.

Le Ministre de la guerre,

RANDON.

SIÉGE DE ROME

EN 1849,
PAR L'ARMÉE FRANÇAISE.

JOURNAL
DES
OPÉRATIONS DE L'ARTILLERIE ET DU GÉNIE.

INTRODUCTION.

Les événements politiques qui s'étaient accomplis à Rome, au mois de novembre 1848, avaient ému toute l'Europe.

Le Saint-Père, en butte aux factions, et assailli par l'émeute jusque dans son palais du Quirinal, avait dû quitter sa capitale, et s'était réfugié dans les États du roi de Naples. La France, touchée des malheurs du Pape, jalouse d'ailleurs de conserver sa propre influence en Italie, offrit dès cette époque l'appui de ses armes au Saint-Siége, qui ne crut pas devoir l'accepter. Toutefois, l'expédition que notre Gouvernement avait préparée ne fut qu'ajournée; et, quelque temps après, Pie IX ayant demandé l'assistance des puissances catholiques pour le rétablissement de son autorité temporelle, les forces déjà réunies à Marseille furent augmentées

Formation de la Division expéditionnaire.

en mars et avril 1849. Elles formèrent une division composée de trois brigades, qui, sous le commandement supérieur du général Oudinot de Reggio, eut pour chef le général Regnaud de Saint-Jean-d'Angely, et prit un peu plus tard le nom de Corps expéditionnaire de la Méditerranée.

Les trois brigades étaient sous les ordres des généraux Mollière, Levaillant (Charles), et Chadeysson[1].

Dans le peu de mois qui s'étaient écoulés depuis le départ du Saint-Père, la révolution avait marché à Rome. La commission gouvernementale nommée par le Pape n'ayant pu ou n'ayant pas osé se réunir, on avait, en son absence, proclamé une république; et le nouveau gouvernement, en même temps qu'il protestait contre toute intervention étrangère, organisait cependant ses moyens de défense et augmentait les forces militaires des États-Romains. Il avait mobilisé une partie de la garde civique et appelé à lui quelques corps lombards, débris de l'insurrection qui venait d'être vaincue à Gênes.

Il n'était guère présumable que cette république naissante, formée sous l'influence de Mazzini et de quelques autres Italiens étrangers comme lui aux États pontificaux, voulût entrer en lutte ouverte avec la France. Cependant on crut devoir joindre à la Division expéditionnaire un petit matériel de siége[2] pour le cas où l'on rencontrerait des difficultés à effectuer un débarquement et à s'établir à Civita-Vecchia, qu'on voulait d'abord occuper comme tête de pont et base d'opérations sur la côte d'Italie. La résistance sur ce point était, en effet, la seule que les renseignements fournis par les agents du Gouvernement français à Rome fissent regarder comme possible : ils déclaraient unanimement que la population de la capitale, désireuse, il est vrai, de voir apporter des réformes dans l'administration pontificale, mais déjà lasse du mou-

---

[1] Voir la pièce annexe n° 1.
[2] Voir les pièces annexes n°s 2 et 3.

vement révolutionnaire qu'on avait imprimé au pays, manifestait des regrets de l'expulsion du Saint-Père.

Telle semblait être la situation des choses, lorsque la Division française, avec ses deux premières brigades seulement, et ne comptant pas plus de 7,500 hommes, partit des ports de Marseille et de Toulon, le 22 avril au matin. *Départ de Marseille et de Toulon.*

L'escadrille, composée principalement de frégates à vapeur [1], était commandée par le contre-amiral Tréhouart, qui, dès le 19 avril, avait arboré son pavillon sur *le Labrador*, à bord duquel était aussi le général en chef. Le 23, à une heure de l'après-midi, elle avait le cap Corse par le travers. Un conseil de guerre, formé du général en chef, de l'amiral, des généraux Regnaud de Saint-Jean-d'Angely et Mollière, des commandants de l'artillerie et du génie, tous présents à bord du *Labrador*, s'assembla pour régler la manière dont on aborderait Civita-Vecchia. L'avis qui prévalut fut de ne pas se montrer tout de suite avec un déploiement de forces considérable, mais d'envoyer simplement un bâtiment parlementaire, qui exposerait le but de l'expédition entreprise par la France et demanderait à prendre possession de la place avec toutes garanties accordées aux habitants. L'amiral désigna pour cette mission *le Panama*, sur lequel passèrent le chef d'escadron d'état-major Espivent, le capitaine Durand de Villers, aide de camp du général Regnaud de Saint-Jean-d'Angely, et M. de la Tour-d'Auvergne, secrétaire d'ambassade attaché à l'expédition.

Le *Panama* revint, dans la nuit du 24 au 25 avril, rallier l'escadrille qui, après avoir continué d'abord sa route à petite vitesse,

---

[1] Le *Labrador*, l'*Orénoque*, l'*Albatros*, le *Christophe-Colomb*, le *Panama*, et le *Sané*, qui partit de Toulon remorquant la frégate l'*Iphigénie*. Les corvettes à vapeur le *Véloce* et l'*Infernal*, ainsi que les bateaux à vapeur le *Ténare* et le *Tonnerre*, et les gabares la *Perdrix* et la *Provençale*, faisaient aussi partie de cette flotte.

avait fini par mettre en panne pour attendre le retour de ce bâtiment. Il ramenait l'un des officiers envoyés en parlementaires. Cet officier fit connaître que leur arrivée à Civita-Vecchia avait produit une grande sensation dans la ville. Les autorités municipales, jugeant la résistance impossible, avaient offert de recevoir en amie l'expédition française; elles insistaient seulement pour une prise de possession immédiate, dans la crainte qu'elles éprouvaient de voir un mouvement du parti radical bouleverser la ville, si quelque retard était apporté au débarquement de nos troupes. Les ordres formels du général en chef ne permettant pas de mettre immédiatement à terre les mille hommes que portait *le Panama*, on avait dû se borner à venir rendre compte en toute hâte de ces circonstances, après avoir fait une convention avec les autorités pour la réception amicale de la division française.

Le gouverneur de Civita-Vecchia, jeune avocat dévoué à la cause républicaine, et les chefs de la garnison avaient eu d'abord quelques velléités de résister; mais, intimidés sans doute par l'arrivée inopinée de nos troupes et mal préparés pour soutenir une attaque[1], privés d'ailleurs d'ordres précis du gouvernement central, ils s'étaient rangés à l'avis de la municipalité.

Ces nouvelles étaient de nature à faire disparaître l'hésitation. L'amiral donna l'ordre de faire route à toute vapeur, et prenant, par sa marche, la tête de l'escadre, il se dirigea rapidement vers Civita-

---

[1] La garnison de Civita-Vecchia comptait environ 2,000 hommes, y compris un bataillon de tirailleurs lombards arrivés de Rome le 24 au soir, sous les ordres du Milanais Mélara, et une batterie d'artillerie. L'armement de la place se composait de 121 pièces de divers calibres, la plupart tirant sur la mer, et munies d'un bon approvisionnement. Mais la hauteur des escarpes en maçonnerie du corps de place atteignait à peine $8^m,50$ en deux ou trois points seulement; généralement elle ne dépassait pas $7^m,50$, et descendait même jusqu'à $4^m,50$ sur les deux flancs et sur toute la courtine du front qui est tourné du côté de Rome. Les parapets en terre étaient complètement déformés; les ponts-levis n'avaient point été mis en état. La place ne se trouvait donc pas à l'abri d'une attaque de vive force, et une résistance sérieuse n'était effectivement guère possible. (Voir la pièce annexe n° 4.)

Vecchia. A onze heures, dans cette même matinée du 25 avril, l'escadrille mouillait devant le port.

Une députation, composée du gouverneur et des principaux membres de la municipalité, vint aussitôt à bord communiquer au général en chef la décision qui avait été prise; et le débarquement commença immédiatement, au moyen des chaloupes appartenant à la flottille, des bâtiments de service du port et d'un petit bateau à vapeur français, *le Narval*, qui stationnait depuis quelque temps sur cette partie de la côte d'Italie.

Le général en chef, accompagné seulement de quelques officiers de son état-major, débarqua à une heure et demie et se rendit dans le logement qui lui avait été préparé.

On occupait donc Civita-Vecchia[1]; mais le gouverneur, qui, ce même jour, venait de recevoir l'ordre formel de s'opposer au débarquement de nos troupes, paraissait navré de sa faiblesse de la veille; et le bataillon de tirailleurs lombards, qui formait la meilleure partie de la garnison, semblait fort incertain et se montrait peu empressé à l'égard des Français.

Le premier acte du général en chef, après avoir adressé à ses troupes un *ordre du jour* qui leur traçait leurs devoirs[2], avait été de faire connaître, par une proclamation aux habitants des États-Romains, une partie des intentions de notre Gouvernement[3].

Le 26, il reçut les protestations du triumvirat romain contre l'occupation de Civita-Vecchia; mais comme, d'un autre côté, les agents que nous avions à Rome et les officiers qui y avaient été envoyés, dès la veille, s'accordaient pour affirmer que la présence d'un corps français sous les murs de la capitale amènerait infailliblement une imposante manifestation de dévouement au souverain pontife, et que la résistance à laquelle on semblait se préparer n'avait rien

---

[1] Voir la pièce n° 5.
[2] Voir la pièce n° 6.
[3] Voir la pièce n° 7.

de sérieux, le général décida que, le 28, la Division se mettrait en marche sur Rome, afin d'arrêter l'effervescence qui venait de s'y produire à la nouvelle du débarquement des Français. Cette irritation des esprits ne fit au reste que s'accroître les jours suivants par la présence de *Garibaldi*, qui, arrivant de la frontière de Naples, entra à Rome le 27 au soir, avec une légion forte de 1,200 fantassins et de quelques cavaliers. Sa troupe se trouva renforcée, au même moment, de quelques corps de volontaires, et notamment d'un millier de chasseurs lombards, sous les ordres de *Manara*. Ces derniers, montés sur deux bâtiments à vapeur, s'étaient présentés devant le port de Civita-Vecchia en même temps que l'escadrille française, et le général Oudinot ne leur avait permis de reprendre la mer qu'à la condition qu'ils n'entreraient pas dans Rome avant le 4 mai[1]. Débarqués sur un autre point, ils y pénétrèrent dès le 28 avril, et l'influence de tous ces corps d'étrangers contribua beaucoup au changement d'opinion qui se manifesta contre les Français.

Pendant ce temps, on continuait à Civita-Vecchia la mise à terre des troupes et du matériel. Dans la matinée du 27, tout était terminé. La marine avait déployé dans cette opération une activité et un zèle des plus remarquables [2].

Marche sur Rome. Le lendemain matin, la Division expéditionnaire se mit en marche, emmenant avec elle quelques moyens de transport; les

---

[1] Un de ces deux bâtiments, qui portait le pavillon toscan, entrait par la passe *du Nord*, au moment même, pour ainsi dire, où *le Véloce*, le premier navire français qui arriva dans la darse, entrait par la passe *du Sud*. Que notre arrivée eût été retardée d'une heure seulement, et les troupes dont ce bateau était chargé nous fermaient peut-être les portes de Civita-Vecchia, et nous forçaient à en faire le siége. L'activité déployée dans le débarquement, sans qu'on sût précisément quelle en était la grande importance, nous préserva de cette chance défavorable.

[2] A peine le débarquement était-il effectué, que l'amiral, impatient d'amener sur la côte d'Italie un nouveau convoi de troupes, fit appareiller la plupart des

soldats portaient sur leurs sacs des vivres pour trois jours. Ce petit corps ne comptait pas plus de 5,800 hommes ; le reste avait été laissé à Civita-Vecchia.

Le soir on coucha à *Palo*, qui avait été occupé, la veille, par le 1ᵉʳ bataillon de chasseurs à pied. Ce hameau, sur le bord de la mer, n'a qu'une vingtaine d'habitations, plus un vieux château entouré d'une muraille crénelée, de 5 mètres environ de hauteur. La longueur de l'étape (35 kilomètres) et l'extrême chaleur rendirent fatigante cette première journée : les bivouacs ne furent formés qu'à la nuit close. Le lendemain 29, on alla camper à *Castel-di-Guido*, grande ferme et relais de poste, à 18 kilomètres de Palo, dans une belle position militaire, sur la route même de Rome. Le général en chef, voulant avoir des nouvelles et faire vérifier si les Romains avaient coupé quelques petits ponts qui se trouvaient en avant sur la route, envoya en reconnaissance le capitaine Oudinot avec une quinzaine de chasseurs à cheval. Cet officier s'assura que trois ponts successifs avaient été fort endommagés, mais qu'il existait des rampes et des gués qui permettraient à la colonne de poursuivre sa marche. Ayant poussé jusqu'à deux lieues environ de Rome, il rencontra un poste romain établi sur les hauteurs dominant la route à gauche ; et comme il se disposait à revenir vers le camp français, après avoir échangé quelques paroles avec cette troupe, celle-ci fit une décharge qui renversa deux des chevaux des chasseurs. Un des cavaliers, engagé sous son cheval, fut pris, et la reconnaissance rentra, laissant à conjecturer que l'accueil du lendemain pourrait bien être hostile.

Le 30, à quatre heures du matin, on se remit en marche. Dans la prévision d'un combat, le général en chef fit déposer les sacs à

---

navires à vapeur et appareilla lui-même avec *le Labrador*. Dès le 28, au matin, ces bâtiments étaient au mouillage dans la rade de Toulon ; et, le 30, *l'Orénoque* reprenait la mer, portant les premiers renforts envoyés à la Division expéditionnaire. Les autres navires suivirent de très-près ce mouvement.

la Maglianella, à deux lieues de Rome, et la colonne continua à s'avancer, éclairée par quelques chasseurs à cheval et par le 1ᵉʳ bataillon de chasseurs à pied.

La route de Civita-Vecchia à Rome présente, à 1,600 ou 1,700 mètres de l'enceinte, une bifurcation dont l'une des branches côtoie sur la droite l'aqueduc de l'*Acqua-Paola*, et aboutit à la porte *San-Pancrazio*. L'autre branche, qui est la voie principale, se dirige d'abord vers le saillant le plus avancé de l'enceinte qui couronne le sommet du Vatican ; puis, à une centaine de mètres de ce saillant, elle se retourne brusquement à droite et descend à la porte *Cavalleggieri*, en traversant une espèce de faubourg. C'est cette voie principale que suivait la colonne française ; seulement les voltigeurs du 20ᵉ de ligne avaient été dirigés sur le chemin de la porte *San-Pancrazio* pour couvrir notre flanc droit.

<small>Arrivée devant Rome, le 30 avril.</small>

L'absence de tout habitant sur la route et dans les maisons qui l'avoisinent, l'inscription ironique de l'article 5 de la Constitution française sur quelques murs indiquaient que les dispositions étaient à la résistance. On continua cependant, sans rencontrer aucun obstacle, jusqu'à 400 mètres du saillant de l'enceinte du Vatican ; mais, au coude de la partie de la route qui monte en ligne droite vers ce point, deux coups de canon à mitraille, tirés sur les éclaireurs de la colonne, dissipèrent toute incertitude ; les Français étaient reçus en ennemis.

La reconnaissance que le général en chef s'était proposé de faire pouvait dès lors être considérée comme faite. Peut-être, et l'événement a justifié cette opinion, eût-il mieux valu ne pas chercher à répondre à un pareil accueil et revenir prendre position à Castel-di-Guido ou à Palo, pour y attendre que l'arrivée de quelques régiments de plus et d'un matériel de siége permît d'entrer par la force dans cette ville dont on nous fermait les portes ; mais il sera toujours bien difficile de ne pas laisser à des troupes françaises la satisfaction d'accepter un défi fait à coups de canon; et, d'ailleurs, ne pouvait-on pas supposer que notre insistance ferait tomber tout à coup la résolution de ceux qui venaient de nous provoquer? Telle fut, sans doute, la pensée du général en chef.

Il fit développer à l'instant les chasseurs à pied et quelques compagnies d'infanterie en tirailleurs, sur les crêtes et sur les mamelons qui bordent la route des deux côtés. L'artillerie, les compagnies du génie et les autres troupes des deux brigades restèrent momentanément massées sur la route même, où elles se trouvaient couvertes par les murs de clôture et par les maisons. Les premiers coups, bien ajustés par nos tirailleurs, portèrent un peu de trouble parmi les défenseurs des remparts; on en profita pour faire monter une section d'artillerie sur le petit plateau à droite du tournant de la route; elle ouvrit résolûment son feu, à moins de 400 mètres de l'enceinte, et à découvert; mais elle ne pouvait voir deux pièces ennemies qui enfilaient le chemin, et qui, n'étant pas contre-battues, renversaient tout ce qui se présentait devant elles. Toutefois, le feu de notre artillerie ayant notablement ralenti celui de la place, on crut le moment favorable pour lancer les troupes : la 1re brigade, composée des 20e et 33e de ligne, sous les ordres du général Mollière, s'avança bravement sur la route, jusque près des murs de l'enceinte, cherchant un moyen d'y pénétrer : accueillies par le feu le plus meurtrier, les têtes de colonnes, que conduisaient les colonels Marulaz et Bouat, durent tourner à droite dans un chemin creux parallèle aux remparts, et y chercher un abri. Le reste de leur troupe, rétrogradant sous les coups de la mitraille, au delà du milieu de la rampe sur laquelle on l'avait engagée, se reforma sur la droite du chemin, où l'on était moins exposé.

Pendant ce temps, les troupes postées sur les crêtes continuaient un feu très-vif contre la place, et plusieurs compagnies du 20e de

Attaque.

ligne, commandées par le chef de bataillon Picard, avaient été jetées à quelques centaines de pas sur la droite pour contenir les tirailleurs ennemis qui, sortis par la porte San-Pancrazio, commençaient à inquiéter le flanc de la colonne et menaçaient de s'étendre jusque sur ses derrières.

Notre artillerie ayant tenté un nouvel effort en se mettant en batterie sur la route même et sur la terrasse d'une des maisons attenantes, on lança de nouveau, et à deux reprises différentes, les colonnes d'attaque en battant la charge. L'ordre fut donné de préparer des sacs de poudre, pour enfoncer la porte que l'on croyait exister dans le voisinage. Mais toutes ces dispositions demeurèrent sans résultat, parce que l'on ne découvrait pas cette porte qu'on dut regretter de n'avoir pas fait reconnaître.

Enfin, on s'aperçut qu'on n'avait devant soi qu'une simple poterne désignée sous le nom de *Porta Pertusa*, depuis longtemps déjà condamnée et bourrée de terre : la porte Cavalleggieri, but de l'attaque, se trouvait à 800 mètres au moins sur la droite, et il était impossible de l'atteindre sans franchir, sous le feu de la place, la plus grande partie de cette distance. Il fallut donc abandonner tout espoir de réussite de ce côté.

La 2e brigade, qui avait pris une autre direction, ne fut pas plus heureuse que la 1re. Guidée par le capitaine d'artillerie Fabar, officier d'ordonnance du général en chef, cette brigade, sous les ordres du général Levaillant (Charles), composée du 36e de ligne, d'une faible partie du 66e et d'une section d'artillerie, avait été dirigée sur la gauche pour contourner le Vatican par le nord, et tenter un coup de main contre la porte *Angelica*, dans le but, sans doute, de faire diversion à l'autre attaque. Après avoir suivi une gorge à peu près perpendiculaire à la direction de la route, elle avait tourné à droite dans le fond du vallon qui court parallèlement aux fronts nord-ouest du Vatican, seul chemin qu'elle pût prendre pour arriver, avec de l'artillerie, à la porte Angelica. Déjà la tête de la colonne était parvenue à hauteur du second front : tout à coup, elle se trouva exposée au feu plongeant de la mousqueterie de la place, à 150 mètres seulement de distance, et accueillie par une grêle de balles. Le capitaine Fabar ayant été tué et les quatre chevaux de la première pièce renversés, l'infanterie se jeta derrière quelques abris et continua la fusillade; la deuxième pièce put se mettre à couvert dans un pli de terrain.

Ainsi, des deux côtés, le résultat était le même.

Dès que le général en chef avait pu mieux apprécier, par la reconnaissance faite sur la droite, les difficultés de l'attaque principale qu'on venait de tenter, il avait donné l'ordre au général Mollière de cesser le combat; et la 1re brigade, à l'exception des têtes de colonnes engagées dans les couverts les plus avancés du faubourg, s'était rassemblée sur un plateau, près de la route, à un kilomètre et demi de la place. On y réunit les blessés, et, vers cinq heures, on alla prendre position à deux lieues en arrière, à la Maglianella, au point où, le matin, les sacs avaient été déposés. Mais la brigade Levaillant, qui avait à ramener ses deux pièces compromises sous les murs du Vatican, dut attendre fort avant dans la nuit pour opérer sa retraite. Ce retard favorisa l'évacuation des blessés, à laquelle le général en chef voulut présider lui-même. Ce ne fut donc que dans la matinée du 1er mai que les dernières troupes, avec le bataillon de chasseurs à pied, rallièrent le camp de la Maglianella.

Retraite.

Cette journée, où la Division expéditionnaire venait de montrer tant de courage et de constance, avait coûté 80 morts et 250 blessés, parmi lesquels beaucoup d'officiers. A ces chiffres, il faut ajouter environ 250 prisonniers enlevés par supercherie, avec le commandant Picard, du 20e de ligne[1].

---

[1] Le chef de bataillon Picard, détaché, comme on l'a dit, sur la droite, vers la porte San-Pancrazio, s'était peu à peu rapproché des troupes romaines, qu'il était

Retour à Palo.

Sans vivres, dans cette campagne romaine presque déserte, n'ayant que peu de munitions de guerre et, de plus, embarrassée de blessés pour lesquels tous les transports réunis ne suffisaient pas, la Division devait nécessairement se rapprocher de sa base d'opérations et des magasins organisés à Civita-Vecchia, pour se préparer à une attaque ultérieure plus sérieuse et plus régulière. C'est le parti que prit le général en chef. Toutefois, on ne se mit en marche que vers midi, dans l'espoir que quelque sortie de la place fournirait l'occasion de prendre une revanche; mais la seule tentative de l'ennemi, pour inquiéter notre retraite, fut une faible reconnaissance, qui disparut aussitôt qu'elle se vit aperçue. Le 1er mai, on coucha à Castel-di-Guido; on y séjourna le lendemain, et, le 3, les troupes reprirent, à Palo, leurs anciens bivouacs.

On s'occupa, avant tout, des soins à donner aux blessés, et de leur évacuation sur la Corse[1]. On réunit ensuite, tant par mer que par la voie de terre, des approvisionnements en vivres, munitions et objets de campement. On entreprit la mise en état de défense du château de Palo; on y construisit des fours; et, après quelques jours de repos, la Division expéditionnaire, bien ravitaillée, se trouvait en situation de marcher de nouveau sur Rome. Son effectif s'élevait alors à 10,000 hommes environ, par suite de l'arrivée de la brigade Chadeysson et du reste de la brigade Levaillant.

chargé de contenir, et qu'il contint en effet toute la journée. Vers le soir, il entra en pourparlers avec elles. En lui faisant entendre que les Français allaient être reçus dans Rome, on lui persuada de se laisser conduire auprès du ministre de la guerre Avezzana. Après son départ, sa troupe, bientôt entourée par une force très-supérieure, consentit à remettre la baïonnette dans le fourreau, à la condition que les Romains en feraient autant. Elle fut emmenée dans Rome, et on la promena dans une partie de la ville, en lui déclarant qu'elle était prisonnière. Elle fut d'ailleurs bien traitée, et on la rendit huit jours après, le 8 mai, sans conditions, mais désarmée. Le général en chef renvoya en retour le bataillon de Mélara, qui avait aussi été désarmé quelques jours auparavant à Civita-Vecchia.

[1] Dans la nuit du 3 au 4 mai, *le Sané* vint mouiller à Palo et embarqua, le lendemain, 199 des 250 blessés qui avaient été ramenés sur ce point après le combat

Le général en chef, voulant, pour les opérations ultérieures, tenir la ligne du Tibre, y appuyer sa droite, et surtout faciliter l'arrivage de ses convois par eau, se détermina à occuper *Fiumicino*, à l'embouchure du fleuve, sur la rive droite. Il y envoya, le 8 mai, un demi-bataillon qui fut bien accueilli par les habitants.

<small>Occupation de Fiumicino.</small>

Le 10 et le 11 mai, les trois brigades se mirent en mouvement; elles campèrent de nouveau à Castel-di-Guido, et prirent position, le 12, à la Maglianella, sur la route même de Civita-Vecchia, et à *la Magliana*, sur les bords du Tibre. Le lendemain, une colonne, composée du 36ᵉ de ligne et de 100 chasseurs à cheval, sous les ordres du colonel Blanchard, fut envoyée jusqu'à l'*Acqua-Traversa* sur la route de Florence, et s'y établit pour intercepter, de ce côté, les communications du dehors avec Rome.

<small>La Division expéditionnaire marche de nouveau sur Rome.</small>

Les jours suivants, le corps d'armée se porta encore en avant, et, le 16 mai, arrivé à deux ou trois kilomètres de la place, il couronnait toutes les hauteurs qui s'étendent de la casa *Maffei* sur la route de Civita-Vecchia, jusqu'à *Santa-Passera* sur le bas Tibre. Cette ligne, de 6,000 mètres de développement, pourra paraître un peu longue et mince, eu égard au nombre de troupes chargées de la défendre; mais nos soldats étaient animés de tels sentiments que le succès n'eût point été douteux, dans le cas où l'armée romaine aurait eu la témérité de venir les attaquer dans leurs positions. Le général en chef avait transporté son quartier-général à la villa *Santucci* sur la *via Portuense*, à 3,500 mètres de la porte *Portese*.

Tandis que ces mouvements s'opéraient, l'armée avait vu arriver au camp, le 15 mai, M. Ferdinand de Lesseps, envoyé extraordinaire et ministre plénipotentiaire du Gouvernement français, muni

<small>Arrivée de M. de Lesseps comme agent diplomatique. Négociations</small>

du 30 avril. Les autres furent laissés à l'ambulance, comme pouvant se rétablir promptement. La frégate appareilla le soir même, et fit route sur Bastia.

d'instructions pour traiter avec le triumvirat romain et tâcher d'obtenir une solution satisfaisante, sans qu'on eût à recourir à l'emploi des armes.

Armistice. — Le premier acte de ce négociateur avait été de conclure, avec l'approbation du général en chef, un armistice de quinze jours qui fut surtout utile aux Romains, comme on le verra ci-après. Cependant, les préparatifs d'attaque n'en continuèrent pas moins de notre côté. Le service de la marine établit sur le Tibre, un peu au-dessous de la basilique de *San-Paolo,* un bac à traille qui permit de jeter un poste de deux compagnies sur la rive gauche. La navigation du fleuve se régularisa au moyen d'un petit bateau à vapeur, *le Tibre,* approprié à la profondeur des eaux et à la difficulté de la passe de la barre, et l'on eut ainsi une communication constante et assurée entre Civita-Vecchia et Santa-Passera, pour l'envoi par mer des approvisionnements de toute nature, l'évacuation des malades, etc.

Pendant ce temps, deux nouveaux régiments, les 16ᵉ et 25ᵉ léger, qui n'étaient pas compris dans le cadre de la Division primitive, étaient venus renforcer le corps expéditionnaire; d'autres troupes, encore, étaient annoncées.

Arrivée des généraux commandant l'artillerie et le génie. — Le 19 mai, le général de division Vaillant, du génie, et le général de brigade Thiry, de l'artillerie, arrivèrent au quartier général; ils étaient envoyés l'un et l'autre en prévision du siège qu'on était résolu à faire si les négociations échouaient.

Quant à ces négociations, elles n'avaient encore produit que l'armistice dont on a parlé plus haut, et dont les Romains surent profiter pour conjurer le danger qui les menaçait d'un autre côté.

L'armée napolitaine est attaquée par les Romains. — En effet, l'armée napolitaine forte de 9,000 hommes d'infanterie, 2,000 cavaliers et 54 bouches à feu, sous les ordres du Roi de Naples en personne, avait occupé, dans les premiers jours de mai, les positions qui avoisinent *Albano*. Sur le refus de coopération du général Oudinot, qui avait à cet égard des instructions formelles, cette armée avait commencé son mouvement de retraite dès le 17 mai, et était arrivée le 18 à *Velletri*. Elle se disposait à continuer sa marche rétrograde sur *Terracine*, lorsque le 19, au matin, elle fut attaquée par Garibaldi. Ce chef de partisans, rassuré du côté des Français par le fait de l'armistice, était sorti de Rome à la tête de 12 ou 13,000 hommes, et, tournant la montagne d'Albano par la route dite de *Frosinone*, s'était avancé sur Velletri par *Palestrina* et *Valmontone*. Après un combat dans lequel les troupes romaines conservèrent l'avantage de l'attaque, le Roi de Naples quitta ses positions et reprit, le 20 mai, son mouvement de retraite, qu'il effectua jusqu'à Terracine sans être autrement inquiété.

Garibaldi rentra à Rome.

Les résultats du combat du 19 mai furent exagérés, comme l'avaient été ceux de la reconnaissance faite par les Français le 30 avril. Les esprits s'exaltèrent de plus en plus dans la ville, et l'on s'y prépara à une défense vigoureuse.

Formation du Corps expéditionnaire de la Méditerranée.

Pendant la durée de l'armistice, les renforts annoncés au général en chef[1] étaient successivement arrivés; ils portaient à 20,000 hommes environ l'effectif du *Corps expéditionnaire de la Méditerranée*.

Le 22 mai, ce corps fut réparti en 3 divisions[2].

La 1re, sous les ordres du général de division Regnaud de Saint-Jean-d'Angely, se composait de la brigade d'infanterie du général Mollière, et d'une brigade de cavalerie aux ordres du général Morris.

La 2e, sous le commandement du général de division Rostolan,

---

[1] Voir pièce n° 8.
[2] Voir pièce n° 9. Au 15 juin, l'armée était forte de 25,000 hommes et 2,800 chevaux; le jour de l'entrée dans Rome, elle comptait 30,000 hommes et 3,000 chevaux.

comprenait les deux brigades des généraux Chadeysson et Levaillant (Charles).

La 3e division, commandée par le général Guesviller, était formée des deux brigades des généraux Levaillant (Jean) et Sauvan.

Le colonel d'état-major Lebarbier de Tinan, arrivé à l'armée le 19 mai, fut chargé des fonctions de chef de l'état-major général.

L'artillerie était composée ainsi qu'il suit :

ÉTAT-MAJOR.

Le général de brigade Thiry.
Le chef d'escadron Soleille, chef d'état-major.
Le chef d'escadron Devaux, détaché de la 3e division.
Le chef d'escadron Bourdeau, détaché de la 2e division.
Le capitaine Toussaint, aide de camp du général Thiry.
Les capitaines Faultrier et Sahuqué, adjoints au chef d'état-major.

GRAND PARC.

Le lieutenant-colonel Larchey, commandant la réserve et directeur du parc.
Le capitaine Luxer, adjoint.

TROUPES.

La 12e batterie du 3e régiment, capitaine Pinel.
La 13e batterie du 3e régiment, capitaine Serrand.
La 12e batterie du 5e régiment, capitaine Rochebouët.
La 6e batterie du 7e régiment, capitaine Canu.
La 16e batterie du 8e régiment, capitaine Barbary de Langlade [1].

---

[1] D'autres détachements des troupes d'artillerie arrivèrent plus tard, dans l'ordre suivant :

La 16e batterie du 3e régiment (capitaine Gachot) arriva le 28 mai.
La 3e compagnie du 4e escadron du train des parcs (sous-lieut. Lépouzé), le 28 mai.
La 7e compagnie de pontonniers (capitaine Blondeau), le 15 juin.
La 16e batterie du 11e régiment (capitaine Prélat), le 20 juin.
La 7e batterie du 14e régiment (capitaine Roget), le 21 juin.
Une moitié de la 5e compagnie d'ouvriers (capitaine Julia), le 22 juin.

SIÉGE DE ROME.

Le génie était composé comme il suit :

ÉTAT-MAJOR.

Le général de division Vaillant.
Le colonel Niel, chef d'état-major.
Le lieutenant-colonel Leblanc.
Le chef de bataillon Goury.
Le chef de bataillon Galbaud-Dufort, aide de camp du général Vaillant.
Le chef de bataillon Frossard.
Les capitaines Boissonnet et Ragon.

TROUPES.

La 5ᵉ compagnie de sapeurs du 2ᵉ bataillon du 1ᵉʳ régiment, capitaine de Jouslard.
La 3ᵉ compagnie de sapeurs du 1ᵉʳ bataillon du 2ᵉ régiment, capitaine Puiggari.
La 4ᵉ compagnie de sapeurs du 2ᵉ bataillon du 2ᵉ régiment, capitaine Darceau ¹.

La 15ᵉ batterie du 11ᵉ régiment (capitaine Besençon) arrriva le 24 juin.
La 16ᵉ batterie du 1ᵉʳ régiment (capitaine Combier), le 25 juin.
Les chefs d'escadron Béret, Lerat, les capitaines Gaudelet, Chopin, Fourcheut-Montrond, Saint-Remy et Grouvel, vinrent aussi successivement prendre part aux opérations de la campagne.

¹ Plus tard, d'autres officiers de l'état-major du génie et 3 autres compagnies furent envoyés de France, pour participer aux travaux du siége.

Le capitaine Doutrelaine monta sa première tranchée le 15 juin.
Le capitaine Prévost, le 20 juin.
Le capitaine Regnault, le 24 juin.
Le capitaine Schœnnagel (Auguste), le 25 juin.
Le lieutenant-colonel Ardant, le 26 juin.
Le capitaine Gras, le 27 juin.
Le capitaine Bonfilliou n'arriva que le dernier jour du siége.
La 7ᵉ compagnie de sapeurs du 2ᵉ bataillon du 2ᵉ régiment (capitaine Mayette), prit le service le 11 juin.
La 4ᵉ compagnie du 1ᵉʳ bataillon du 1ᵉʳ régiment (capitaine Touvenaint), le 24 juin.
La compagnie de mineurs du 2ᵉ bataillon du 1ᵉʳ régiment (capitaine Pissis), le 30 au matin.
Cette compagnie essuya les derniers feux de la place.

Préparatifs pour le siége.

L'artillerie établit son grand parc à Santa-Passera, près du Tibre, à 2,500 mètres de l'enceinte de la place. Elle y réunit un premier équipage de siége qui se composait de :

4 canons de 24............	approvisionnés à 800 coups.
6 canons de 16...........	
4 obusiers de 22ᶜ.........	approvisionnés à 500 coups.
4 mortiers de 22ᶜ.........	

avec le nombre correspondant de voitures, un matériel d'outils, etc.

Le 28 mai, ce matériel était débarqué et disponible.

L'artillerie s'approvisionna en même temps de gabions qu'elle confectionna, au nombre de 1,500, avec des bois coupés à la casetta Mattei près de la via Portuense, dans le vallon de la Magliana; mais ce nombre de gabions se trouva être fort insuffisant, et il fallut en faire d'autres pendant le siége. On fit très-peu de saucissons, faute de temps et de bois de fascinage convenable.

Le génie, de son côté, avait fait camper ses compagnies dans ces mêmes bois de la casetta Mattei, où elles confectionnèrent une partie du matériel nécessaire aux travaux d'attaque[1]. Lorsqu'elles furent rappelées, le 2 juin, l'approvisionnement consistait en :

Gabions ordinaires............................	3,450
Gabions farcis...............................	20
Fagots de sape..............................	50
Fascines....................................	4,400
Piquets de 0ᵐ,50 et de 0ᵐ,80 de longueur, (ensemble).	6,200

On avait pensé d'abord que cet approvisionnement suffirait à tous les besoins; mais plus tard, et pendant le siége même, il fallut doubler le nombre des gabions et des fascines[2].

[1] Voir la pièce n° 10.
[2] Il fallut, en outre, arracher les gabions de plusieurs des premières tranchées pour les employer à l'exécution des dernières.

Le 29 mai au matin, le génie commença un pont sur le Tibre, à Santa-Passera. Le commandant Goury fut chargé de ce travail, ayant sous ses ordres la 3ᵉ compagnie de sapeurs du 2ᵉ régiment. Ce pont était supporté par des embarcations de dimensions très-inégales, cinq tartanes et deux grandes barques : des chevalets rachetaient les différences de niveau entre ces divers supports. Le tablier n'avait que $2^m,30$ de largeur; sa longueur totale était de 80 mètres. A trois heures de l'après-midi on passait sur le pont[1].

Construction d'un pont de bateaux sur le Tibre.

Dès le 25 mai on avait entrepris, pour faire tête de pont sur la rive gauche, un petit ouvrage en terre, en forme de lunette, avec une barbette au saillant pouvant porter au besoin trois pièces. Notre artillerie n'ayant qu'un matériel très-restreint et à peine suffisant pour commencer un siége, le service de la marine se chargea du soin d'armer la tête de pont et les rives du fleuve. Le lieutenant de vaisseau Olivieri, commandant du bateau à vapeur *le Tibre*, débarqua cinq bouches à feu du calibre de 30 : une de ces pièces fut placée sur la barbette au saillant de la lunette, et une autre sur la rive droite pour flanquer cet ouvrage et défendre les abords du pont. Les trois autres furent établies sur la hauteur en avant et au nord de la basilique de San-Paolo. Le service de ces bouches à feu fut constamment fait par les matelots. Nous eûmes ainsi un passage bien assuré sur la rive gauche du Tibre; et nous pouvions, au besoin, opérer aussi de ce côté.

---

[1] Les deux grandes barques dont on se servit pour faire le pont avaient été trouvées à l'embouchure du Tibre, où l'ennemi les avait coulées. Il fallut les remettre à flot. Quant aux tartanes, on les nolisa à Civita-Vecchia, et elles furent remorquées par la marine. Comme elles étaient à quille, on dut les relier fortement entre elles avec de longues pièces de bois placées sur l'avant et l'arrière, pour empêcher les mouvements d'oscillation qui auraient bientôt disloqué le pont. On ne put pas se procurer de madriers de plus de 2 mèt. 30 cent. de longueur pour le tablier.

L'entretien et les réparations de ce pont furent confiés, plus tard, à la 7ᵉ compagnie de pontonniers, à son arrivée le 15 juin.

Les hostilités étaient encore suspendues au 30 mai, en vertu de l'armistice; et l'armée ne voyait pas, sans quelque inquiétude, s'approcher la saison des fièvres qui rendent presque inhabitable la campagne de Rome pendant l'été.

Projet de traité signé par l'agent diplomatique français.

Les négociations entamées, reposant tous les jours sur des bases nouvelles, ne pouvaient point aboutir.

Toute incertitude à cet égard cessa enfin le 1ᵉʳ juin : un projet de traité, déjà signé par M. de Lesseps et apporté par lui au quartier général, spécifiait que les troupes françaises *prendraient des cantonnements extérieurs convenables, sans entrer dans Rome*[1]. Une pareille proposition offensait trop l'armée pour pouvoir être acceptée; elle fut repoussée par le général en chef, et par tous les généraux réunis en conseil.

Rupture des négociations.

Il ne restait plus qu'à recourir aux armes, et le signal ne se fit pas attendre. Ce même jour, 1ᵉʳ juin, par une coïncidence heureuse, le général en chef reçut du Gouvernement français une dépêche télégraphique portant que la voie des négociations était épuisée, que les hostilités devaient reprendre leur cours et que l'agent diplomatique était rappelé[2].

Positions occupées par l'armée au 1ᵉʳ juin.

Voici quelles étaient alors les positions occupées par l'armée.

La 1ʳᵉ et la 2ᵉ division tenaient la ligne de hauteurs qui commence à Santa-Passera et se prolonge, par Santucci, jusqu'auprès de la *villa Pamfili*. Plusieurs compagnies de la brigade Mollière (1ʳᵉ division) avaient été jetées, comme on l'a dit, sur la rive gauche du Tibre pour occuper l'ouvrage en avant du pont et tenir l'église et le couvent de San-Paolo, ainsi que la hauteur qui les domine au nord.

La 3ᵉ division était établie à la villa Maffei sur la route de Ci-

---

[1] Voir pièce n° 11.
[2] Voir pièce n° 12.

vita-Vecchia, à 2,000 mètres de l'enceinte du Vatican. La 2ᵉ brigade de cette division, la brigade du général Sauvan, était campée à l'Acqua-Traversa, sur la route de Florence.

Cet officier général, auprès de qui avait été détaché momentanément le lieutenant-colonel du génie Leblanc avec une section de sapeurs, venait d'occuper, dans la nuit du 30 au 31 mai, l'importante position du *Monte-Mario*, après en avoir débusqué un poste romain qui n'avait tiré que quelques coups de fusil en faisant retraite. De cette colline élevée, d'où l'on voit presque toute la ville de Rome, nous pouvions suivre les mouvements de l'ennemi à l'extérieur et reconnaître les dispositions qu'il avait déjà prises pour faire sauter le *ponte Molle* et nous interdire sur ce point le passage du fleuve.

L'investissement de la place était loin d'être complet, mais les forces dont nous pouvions disposer ne permettaient pas de faire plus. Il fallut renoncer à s'étendre sur la rive gauche; on ne pouvait, de ce côté de la place, se proposer autre chose que d'inquiéter l'ennemi par la destruction des principaux ponts, par de continuelles diversions opérées au moyen de colonnes mobiles composées principalement de cavalerie, diversions qui, toutefois, ne réussirent pas à empêcher les ravitaillements en vivres et en munitions.

SIÉGE.

Reprise des hostilités.

Le 2 juin, l'armée fut prévenue par un ordre général[1] que, le lendemain, elle reprendrait les hostilités pour enlever à l'ennemi toutes les positions qu'il occupait encore à l'extérieur de la place, entre la rive droite du Tibre, en aval de la ville, et la route qui, de la porte San-Pancrazio, conduit à Civita-Vecchia en longeant au nord les clôtures de la villa Pamfili.

Détermination du point d'attaque.

Ce mouvement indiquait que le point d'attaque choisi se trouvait sur la rive droite du Tibre.

Dès son arrivée au quartier général, le 19 mai, le général commandant le génie avait écrit au ministre de la guerre[2] que son intention était d'attaquer par le front qui occupe la partie la plus avancée du Janicule. Plus tard, le 2 juin[3], il écrivait que sa conviction à l'égard de la préférence à donner à ce point d'attaque n'avait fait qu'augmenter, et que les généraux réunis en conseil avaient été du même avis. Le général en chef venait de décider, en effet, le même jour, que la place serait attaquée de ce côté, et que l'on cheminerait sur le Monte-Verde pour s'emparer successivement des points les plus importants du Janicule.

Quelques mots sur la nature des fortifications de Rome, et sur

---

[1] Voir pièce n° 13.
[2] Voir pièce n° 14.
[3] Voir pièce n° 15.

les dispositions défensives qui avaient été prises à l'intérieur, feront mieux apprécier les motifs de cette détermination.

La ligne fortifiée qui entoure Rome n'a pas moins de 23 kilomètres de développement total, dont 15 à 16 kilomètres sur la rive gauche, pour la ville proprement dite, et 7 à 8 kilomètres sur la rive droite pour le château Saint-Ange, le Vatican et le Transtevère. L'enceinte construite par l'empereur Aurélien, vers la fin du IIIe siècle, existe encore sur presque toute la rive gauche[1]; quelques parties en ont été refaites à la vérité, mais sans modifications essentielles. Cette enceinte est formée d'un mur de 10 à 14 mètres de hauteur, dont l'épaisseur varie de 1 à 3 mètres. Il est flanqué de tours un peu plus élevées, séparées entre elles par des intervalles très-différents les uns des autres, mais qui sont le plus généralement de 30 à 35 mètres. Ces tours ont, pour la plupart, 8 mètres de largeur totale et 4 mètres seulement de saillie sur le nu du mur. Une route de ceinture, qui contourne les fortifications à l'extérieur et sur tout leur développement, est limitée, d'un côté, au pied de l'escarpe, de l'autre, à des propriétés particulières dont les murs de clôture forment une sorte de contrescarpe continue.

L'escarpe est renforcée à l'intérieur, tantôt par un étage, tantôt par deux étages d'arceaux, dont les voûtes, en même temps qu'elles offraient d'excellents abris aux défenseurs, leur donnaient, au moyen de passages ménagés dans les pieds-droits intermédiaires, une circulation facile et sûre derrière le mur de masque.

---

[1] Le grand saillant, à droite de la porte du Peuple, date d'une époque bien antérieure; il aurait été construit, dit-on, par l'aïeul de l'empereur Néron. Les murs, dans cette partie, ont une épaisseur qui atteint 8 mètres en plusieurs endroits. Ils sont terrassés sur toute leur hauteur. Dans la prévision d'une attaque de ce côté, on les avait couronnés, à leur sommet, d'un bon épaulement en terre; et la belle promenade du Pincio, qui en formait le terre-plain, coupée par de profonds fossés dont les terres avaient été façonnées en parapets, présentait une série de retranchements intérieurs très-respectables.

Généralement, il n'y a que peu ou point de terre adossée contre l'enceinte Aurélienne ; on ne pourrait donc y pratiquer que de très-mauvaises brèches, sur lesquelles il serait fort difficile de s'établir.

Afin de se procurer, sur tous les points, des feux d'infanterie partant du sommet de la muraille, les Romains avaient appliqué contre l'escarpe, à l'intérieur, des échafaudages soutenant un chemin de ronde en charpente, et le dessus du mur avait été surmonté d'un parapet crénelé en sacs à terre. De distance en distance, et particulièrement près des portes, des embrasures percées dans le mur de masque donnaient passage aux feux de l'artillerie.

Des dispositions analogues avaient été exécutées sur les deux parties de l'enceinte Aurélienne qui traversent le Transtevère et viennent se réunir à la porte San-Pancrazio, mais avec cette différence, cependant, que la branche la plus rapprochée du Vatican, au lieu de donner des feux du côté du nord, avait été disposée, ainsi que l'autre, de manière à être défensive du côté du midi, et qu'elle formait comme un deuxième retranchement contre une attaque par la porte Portese.

Sur la rive droite du Tibre, la place est défendue par une enceinte d'un tracé moderne[1] de 8 à 10 mètres de hauteur d'escarpe, revêtue, avec contrescarpe en terre de très-peu de hauteur, dans les parties où elle ne manque pas tout à fait, et n'ayant point d'ouvrages extérieurs[2]. Les bastions et les courtines sont terrassés ; mais le sommet des maçonneries dépasse, le plus

---

[1] Projetée dès 1550, elle a été construite sous le pontificat d'Urbain VIII, de 1623 à 1644.

[2] A peine peut-on donner, en effet, le nom d'ouvrage à l'espèce de demi-lune contre laquelle nos tranchées vinrent se heurter dès la 7ᵉ nuit du siége, et qui n'était formée que de murs très-peu épais ; celui de la face gauche n'était nullement défensif, et celui de la face droite était percé d'un simple rang de créneaux ouverts à la hauteur d'une petite banquette en terre, élevée de quelques décimètres seulement au-dessus du sol naturel faisant terre-plain. Un pareil ouvrage n'était pas de nature à augmenter beaucoup la valeur et la résistance du front attaqué ; mais, pour

souvent, la hauteur des terres en arrière. Partout ces maçonneries étaient couronnées de créneaux faits avec des sacs ou des paniers pleins de terre; on arrivait à ces créneaux, soit par un terre-plain ordinaire, soit par une banquette en charpente, établie comme il a été dit au sujet de l'enceinte de la rive gauche. Des embrasures pour l'artillerie avaient été ménagées dans les murs, ou disposées dans d'épais épaulements en terre.

L'intention de tout sacrifier à l'intérêt de la défense était manifeste. On voyait abattre, au dehors, sur tout le pourtour de l'enceinte, même dans les rentrants les plus prononcés, les murs, les arbres, les maisons, tout ce qui pouvait gêner les feux de la place ou fournir des couverts à l'assiégeant. Au dedans, on avait soigneusement crénelé tous les murs qui bordaient les communications principales allant de l'enceinte même au centre de la ville. Des barricades s'élevaient de toutes parts; une commission composée d'hommes exaltés, parmi lesquels étaient trois députés, en fixait les emplacements, en dirigeait la construction et avait préparé des instructions sur le rôle que chacune d'elles aurait à jouer dans la défense générale[1].

L'armée qui défendait Rome était beaucoup plus nombreuse que celle qui allait l'attaquer[2]; elle possédait plus de 100 bouches à feu bien approvisionnées. Ceux qui la commandaient disaient hautement que, loin de vouloir épargner, dans la lutte, les monu-

---

être vrai, nous devons dire que son existence n'était pas même soupçonnée, et que le faible relief de la demi-lune n'avait pas permis de la deviner par-dessus les constructions et les plantations de toutes sortes dont le terrain en avant était couvert.

[1] Ces barricades, ou plutôt ces coupures, avaient de bons parapets en terre de 3 à 4 mètres d'épaisseur; leurs fossés, généralement de 2 mètres de profondeur, étaient excavés presque verticalement et défendus par des fraises et des palissades. Pour quelques-uns, les fraises étaient formées de barreaux de fer.

[2] Elle comptait environ 22,000 hommes, indépendamment de la garde civique, d'un effectif de 12,000 hommes, affectée plus spécialement à la police de la ville (Voir la pièce n° 16.

ments de l'ancienne capitale du monde, ils les détruiraient eux-mêmes si nous étions vainqueurs, pour s'ensevelir sous leurs ruines et illustrer ainsi la défense.

Tel était l'état des choses et des esprits, dans Rome, au moment où le siége allait être entrepris.

L'armée française n'avait encore qu'une faible partie du matériel d'artillerie et des approvisionnements qui lui étaient nécessaires. Le surplus des pièces et des munitions ne pouvait venir que par mer et en empruntant le Tibre pour remonter jusqu'à Santa-Passera. Il était à croire, et les faits ont prouvé la justesse de cette prévision, que les arrivages ne seraient que successifs, et qu'ils suffiraient à peine aux besoins journaliers de chaque période d'un siége.

Il fallait donc, impérieusement, ne pas s'éloigner du fleuve, soit qu'on attaquât par la rive gauche, soit qu'on choisît l'enceinte de la rive droite. Dans le premier cas, obligée, pour assurer sa ligne de communication avec Civita-Vecchia, de se tenir sur les deux rives à la fois, et par conséquent de s'étendre beaucoup, l'armée française, numériquement plus faible que l'ennemi, pouvait devenir vulnérable des deux côtés en même temps; elle s'écartait davantage de sa base d'opérations. Il y aurait eu nécessité, d'ailleurs, de construire plusieurs ponts sur le Tibre; et c'est avec beaucoup de peine qu'on était parvenu à réunir, en quantité suffisante, les bateaux et les bois employés à l'établissement d'un seul pont à Santa-Passera.

Ces premières considérations, indépendantes de la valeur relative des deux parties de l'enceinte et de l'efficacité que leur prise pouvait avoir pour notre succès définitif, étaient, à elles seules, de nature à faire renoncer tout d'abord au choix de la rive gauche pour le côté des attaques.

Mais, en admettant que l'on eût eu toute liberté de porter à volonté les opérations du siége sur l'une ou l'autre rive du Tibre, soit, par exemple, contre la vieille enceinte, au saillant de la porte *San-Sébastiano*, soit contre l'enceinte moderne, sur les fronts du *Janicule*, encore eût-il paru préférable, au point de vue politique aussi bien qu'au point de vue purement militaire, de ne pas attaquer par la rive gauche.

De ce dernier côté, en effet, la brèche eût été ouverte entre deux tours qu'on aurait démantelées le plus possible sans doute ; mais, l'enceinte n'étant pas terrassée, cette brèche n'aurait été qu'un massif de blocs de maçonnerie bien difficile à franchir. Cette première difficulté vaincue, on se serait vu arrêté infailliblement par un retranchement intérieur, élevé à la hâte, il est vrai, mais garni de canons et dominant la brèche plutôt qu'il n'en eût été dominé lui-même. Supposons ce nouvel obstacle surmonté, on se fût trouvé sur un terrain tout à l'avantage de la défense, dans un dédale de murs crénelés, de rues et de chemins hérissés de barricades. Il eût fallu alors ou détailler l'attaque de chaque jardin, de chaque maison, c'est-à-dire faire une guerre longue, incertaine et décourageante, ou bien enlever tous ces obstacles de haute lutte, et faire pénétrer violemment au centre de la ville une armée irritée par des combats sanglants, par des pertes nombreuses, et par toutes les difficultés qui, dans cette marche rapide, auraient surgi devant elle : c'était prendre Rome d'assaut, c'était exposer Rome à toutes les suites d'une prise d'assaut !

Une armée française pouvait-elle faire peser une pareille calamité sur cette ville, le centre du monde catholique, la capitale des arts, surtout après s'être présentée devant ses murs en amie, et comme libératrice ? Pouvait-elle se déterminer à porter la destruction au milieu de ces monuments que tant de siècles ont respectés, à faire de Rome une nouvelle Saragosse, et, en dernier résultat, à n'avoir plus à remettre au Pape qu'une ville dévastée ? Non, l'armée ne le voulait pas, la France ne lui avait pas donné une mission de cette nature.

Et, d'ailleurs, qui peut dire quels eussent été les résultats d'une attaque de vive force? Après l'affaire du 30 avril, devait-on courir le risque d'ébranler encore, par l'insuccès d'une seule de nos tentatives, la confiance de nos soldats, d'exalter d'autant les forces morales de l'ennemi? Il y aurait eu imprudence à le faire.

Par tous ces motifs, il convenait de chercher, pour l'attaque, une autre voie.

Il fallait que, en forçant l'enceinte de Rome à la suite d'un siége plus ou moins méthodique, mais sûr, l'armée pût arriver à occuper immédiatement, à l'intérieur, une position tellement dominante, tellement menaçante pour la ville, que la continuation de toute résistance sérieuse devînt, aux yeux de tous, une impossibilité; il fallait que là pût se terminer la lutte, sans qu'il y eût nécessité de pénétrer plus avant, et d'entreprendre une guerre de barricades et de maisons.

L'attaque sur la rive droite, par le saillant de l'enceinte qui occupe les hauteurs du Janicule, paraissait avoir toute chance de nous faire obtenir ce résultat. Ces hauteurs, en effet, sont les plus élevées que renferment les murailles de Rome; le contrefort de San-Pietro-in-Montorio domine le cœur de la ville de si haut et de si près, qu'il est difficile de comprendre que la défense se continue contre un ennemi qui s'en est emparé.

Peut-être la fortification de cette partie de la place devait-elle exiger, de l'assiégeant, plus de travail et d'efforts que n'en eût coûté la vieille enceinte de l'autre rive; mais en admettant que la marche fût plus lente au commencement, du moins était-elle régulière et sûre jusqu'à la fin, et nous offrait-elle, par cela même, une grande compensation à un surcroît de difficultés d'ailleurs très-contestable.

On pouvait aussi espérer que l'exaltation des assiégés s'userait et finirait par s'éteindre dans les fatigues d'une défense prolongée, ou dans les combats qu'ils livreraient tous les jours hors des murs, sur le terrain de nos cheminements. On pouvait présumer que l'énergie de ces bandes aventureuses, plus braves que disciplinées, ne résisterait pas bien longtemps à une attaque faite pied à pied, s'avançant d'un pas toujours égal, et qui, sans rien laisser au hasard, aurait encore l'avantage de ménager le sang de nos soldats.

Ainsi serait obtenue la réparation due à nos armes, sans que la cité, les propriétés, les monuments eussent à souffrir de la lutte, sans qu'une armée française pût être accusée de vandalisme.

On le voit, le programme de ce projet d'attaque se formulait ainsi : pénétrer dans l'enceinte bastionnée du Janicule par le front qui forme saillie entre les portes Portese et San-Pancrazio; gagner ensuite, par un mouvement de conversion à gauche, la tête de l'enceinte Aurélienne et le contre-fort de San-Pietro-in-Montorio, en passant par-dessus le vieux mur Aurélien; puis voir, pour les opérations ultérieures, l'attitude que prendrait la défense.

Les plans gravés que nous possédions indiquaient suffisamment bien que le terrain, au dedans de cette partie de l'enceinte du Janicule, était, par sa déclivité vers la ville, plus favorable à l'assaillant qu'aux assiégés, et que ceux-ci ne pourraient guère y établir des retranchements de quelque valeur à la gorge même des bastions.

On ne se dissimulait pas que cette marche de l'attaque avait l'inconvénient de laisser le Tibre à passer, dans le cas où l'ennemi, au lieu de rendre les armes après la prise des hauteurs du Janicule, s'opiniâtrerait à défendre les maisons et les barricades de la ville. Mais, si la résistance devait être poussée jusque-là, et s'il fallait, à la dernière extrémité, se résigner à ruiner quelques édifices par le canon, pour en chasser les défenseurs, l'occupation de ces hauteurs donnerait alors un tel avantage à notre artillerie, que le passage du fleuve ne pourrait pas être longtemps disputé.

En résumé, ne pas nous éloigner de notre base d'opérations, assurer notre ligne de communication avec Civita-Vecchia, garder le point où pouvait s'effectuer le débarquement de notre matériel, et prendre Rome sans ensanglanter ses rues, sans détruire ses monuments, sans compromettre en rien le succès et en sacrifiant le moins de soldats possible, tel était le but qu'avait en vue le général commandant le génie en proposant d'attaquer par le saillant du Janicule; et l'événement semble avoir justifié le choix de ce point d'attaque.

Le général en chef adopta ce projet, comme la solution qu'il jugeait la meilleure.

Composition de l'armée romaine.

L'armée enfermée dans Rome disposait de 114 bouches à feu, dont 50 avaient action sur le terrain des attaques[1]. Elle comptait, indépendamment de 12,000 hommes de gardes civiques, 21,760 hommes, tant des anciennes troupes du Pape ou de nouveaux régiments créés, que de corps lombards, piémontais, polonais, de volontaires romains et de la légion de Garibaldi[2]. Les gardes civiques avaient exprimé le désir de ne pas faire autre chose qu'un service de police dans la ville[3]. Mais les Lombards, les Piémontais, les volontaires, les Polonais, qui avaient déjà servi, et, avec eux, quelques Français, formaient un total d'environ 6,000 hommes, qui montraient beaucoup d'exaltation. Quant aux anciens corps pontificaux et aux artilleurs suisses, ils avaient d'abord été peu disposés à nous combattre; mais, la partie une fois engagée, et leur amour-propre de soldats excité par les éloges qu'on avait donnés à la résistance du 30 avril, ils paraissaient résolus à soutenir vigoureusement cette cause, que beaucoup de gens leur disaient être celle de l'indépendance de l'Italie.

---

[1] Les Romains avaient encore reçu, le 21 mai, le renfort d'une batterie de 6 pièces de canon et de 2 obusiers, servie par des artilleurs suisses, instruits et disciplinés, qui étaient venus à marche forcée de Bologne, avec ce matériel.

[2] Voir la pièce n° 16, déjà citée.

[3] Cependant une partie de la garde civique fut mobilisée

La défense semblait donc devoir être énergique.

Pour nous rendre maîtres du terrain sur lequel la tranchée allait être ouverte, nous devions, avant tout, déloger l'ennemi de la villa *Pamfili*, dont le beau parc était entouré de murs de 4 mètres à 4 mèt. 50 cent. de hauteur, en partie terrassés, et qui présentait de fortes barricades sur divers points. Nous devions aussi nous emparer de l'église et du couvent de *San-Pancrazio*; enfin, il était à présumer qu'il y aurait à prendre plusieurs autres villas qui, situées plus près encore de la place et à 400 mètres à peine de la porte San-Pancrazio, paraissaient découvrir et dominer complétement la route qui aboutit à cette entrée de la ville.

<small>Prise de la villa Pamfili, de l'église de San-Pancrazio, des villas Corsini et Valentini, à la gauche des attaques.</small>

La brigade Mollière (1re division) fut chargée d'aborder la villa Pamfili par le mur d'enceinte du sud, tandis qu'une autre colonne, fournie par la brigade Levaillant (Jean) [3e division], devait aider au succès de cette attaque principale en se présentant par le côté de l'ouest.

Le chef de bataillon du génie Frossard, ayant sous ses ordres la compagnie de sapeurs commandée par le capitaine Puiggari, fut mis à la disposition du général Mollière pour concourir à cette opération. Cet officier supérieur était allé, l'avant-veille, reconnaître le mur d'enceinte de la villa Pamfili; il avait remarqué un point où l'on pouvait aisément faire brèche par la poudre, et constaté l'existence d'ouvertures servant à la sortie des eaux Des grilles en fer fermaient ces ouvertures; mais, malgré la présence de l'ennemi, il s'était assuré qu'elles pouvaient être forcées, et que des hommes armés pourraient y passer un à un.

Le 3 juin, à deux heures et demie du matin, la brigade Mollière était massée à peu de distance de la villa; la compagnie de sapeurs vint se placer au pied de la muraille. Le capitaine Puiggari essaya d'introduire un sac de poudre dans le trou qui avait été reconnu; mais il fallut élargir un peu cette ouverture. Le bruit des outils donna l'éveil à l'ennemi, qui commença à tirer sur les travailleurs. On agit dès lors avec moins de précautions, et l'explosion des poudres ouvrit une brèche qui, agrandie par quelques coups de pioche, permit à une compagnie de chasseurs à pied du 1er bataillon et à la compagnie de sapeurs, suivies par le 33e de ligne, de se porter rapidement contre l'ennemi. Une grille forcée, sur la droite, par le lieutenant du génie Largillier, donna passage, à peu près au même instant, à une seconde compagnie de chasseurs, et la colonne du général Mollière, poussant l'ennemi devant elle, fit bientôt sa jonction avec la brigade Levaillant. Celle-ci avait longé au pas de course les murs du parc de la villa par l'ouest, avait trouvé une porte ouverte et était entrée sans obstacle. 150 soldats et plusieurs officiers furent cernés par cette brigade, et enlevés, avec le drapeau d'un régiment, dans les bâtiments de la villa.

Le général commandant le génie ayant résolu d'appuyer la gauche de sa première parallèle à l'église de *San-Pancrazio*, située plus près de la place, il fallut s'en emparer, ainsi que du cloître et du jardin clos de murs qui l'entoure, ce qui ne se fit pas sans difficulté. Arrivé là, on reconnut la nécessité de prendre immédiatement possession de la villa *Corsini*, d'où l'ennemi inquiétait l'église par un feu plongeant et très-vif de mousqueterie. De proche en proche, nous parvînmes à occuper aussi la villa *Valentini* et plusieurs autres habitations assises sur le coteau qui s'étend à gauche parallèlement aux fronts (9-10) et (10-11). Le capitaine de sapeurs Dumont fut blessé à cette attaque.

Dès que les jardins et l'église de San-Pancrazio, que l'on devait conserver à tout prix comme réduit de la position, furent dégagés, les officiers du génie s'occupèrent de les retrancher solidement. Aussi ce point resta-t-il constamment en notre pouvoir, malgré tous les efforts que les Romains firent pour le reprendre; tandis que, le combat s'étant continué en avant pendant toute la journée avec des chances diverses, les villas Corsini, Valentini et les maisons environnantes retombèrent, à plusieurs reprises, aux mains de l'ennemi, qui fut contraint enfin à nous les abandonner une dernière fois, après les avoir canonnées et incendiées. Toutes les façades qui regardent la ville furent ruinées par ses projectiles.

Une section de notre artillerie, établie dès le matin dans le jardin du couvent de San-Pancrazio et dirigée par le lieutenant Cauvière, contribua à nous assurer la possession définitive de la maison Corsini.

Dès les premiers jours du siége, on fit des tranchées en avant et sur les côtés de ces habitations, et on les relia par plusieurs communications, de telle sorte que nos soldats purent s'y maintenir malgré les feux très-vifs de la place; ces dispositions rendirent vaines toutes les sorties qui furent tentées, depuis, pour nous chasser de cette importante position.

L'attaque dont on vient de parler nous coûta 1 officier tué et 13 blessés, 13 soldats tués et 229 blessés, enfin 19 hommes égarés ou prisonniers.

Pour compléter notre établissement sur ce terrain et éclairer notre extrême gauche, on jeta un poste avancé dans la *casa Talonghi*, située à environ 500 mètres au nord de la villa Valentini. Ce poste découvrait bien le vallon qui prend naissance près de la villa Corsini et descend vers le nord.

On le protégea par un petit épaulement en terre, et on le désigna sous le nom de *maison de gauche*.

L'occupation de la villa Pamfili et des postes qui s'y rattachaient resta confiée à la brigade Mollière, à laquelle on adjoignit momentanément, plus tard, la brigade Levaillant (Jean), de la 3ᵉ division.

Le couvent de San-Pancrazio, en particulier, fut tenu constamment par le 1ᵉʳ bataillon de chasseurs à pied (commandant de Marolles) et par le 33ᵉ de ligne (colonel Bouat).

L'ensemble de ces forces fut mis sous le commandement du général de division Regnaud de Saint-Jean-d'Angely; et ces troupes, qui avaient mission de garantir la gauche de notre ligne d'attaque, demeurèrent en prise, pendant toute la durée du siége, aux feux d'artillerie de la partie de l'enceinte de la place qui leur était opposée.

Occupation des maisons à la droite des attaques.

En même temps qu'on s'emparait de la villa Pamfili, de l'église de San-Pancrazio et des édifices avoisinants, la 5ᵉ compagnie de sapeurs du 1ᵉʳ régiment (capitaine de Jouslard) était allée prendre possession, dès le point du jour, d'une maison de belle apparence, située presque en capitale du bastion 6 et à 600 mètres du saillant. De cette habitation, désignée sur nos plans par le nom de *maison des six volets verts* (vigna merluzzetto) et complétement vue du bastion 6, on arrive sans obstacle, par une allée qui traverse les vignes, jusqu'au pied de l'escarpe de ce bastion.

La compagnie Jouslard détacha un poste sur la droite, dans une petite maison qu'on appela *maison de droite*, située près des escarpements de la vallée du Tibre, et devant laquelle se trouve une terrasse d'où l'on voit très-bien les abords de la porte Portese.

Toutes les croisées de la *maison des six volets verts* furent garnies de sacs à terre, et l'on établit, en avant de la porte, une barricade faite avec des tonneaux.

Prise de ponte Molle.

La brigade qui avait une partie de ses troupes à l'Acqua-Traversa, sur la route de Florence, s'était, ainsi qu'on l'a dit déjà, établie le 31 mai sur le Monte-Mario, dont la hauteur est de 137 mètres au-dessus des eaux du Tibre.

Les généraux Vaillant et Thiry vinrent reconnaître cette position le 1ᵉʳ juin.

Il fallait, pour compléter les avantages que son occupation nous offrait, être maître également du ponte Molle, sur lequel la route de Florence à Rome franchit le Tibre. Ce pont avait été rompu par les Romains; la dernière arche, sur la rive droite, manquait presque totalement. Les dispositions qu'on voyait préparées dans les piles des arches suivantes ne permettaient pas de douter que le pont ne fût miné, et qu'il ne dût sauter à la première tentative que nous ferions pour nous en emparer. Une sentinelle, qui se promenait sur le pont, semblait veiller aux poudres, et avoir pour consigne d'y mettre le feu dès que nous approcherions [1].

Le général commandant le génie avait remarqué aussi qu'une digue, bordant la rive droite du fleuve, présentait, au-dessus de la route qui la longe, un relief suffisant pour dérober à la vue de la garde du pont les soldats qu'on aurait amenés là pendant la nuit. Il avait indiqué, en conséquence, un dispositif d'attaque que le général de brigade Sauvan reçut ordre de faire exécuter, aussitôt

---

[1] Le pont *Milvius* ou *ponte Molle*, dont la largeur avec ses parapets n'est que de 7 mèt. 50 cent., a 177 mètres de longueur totale, y compris deux culées de 18 à 20 mètres chacune et deux petites arches de 10 mèt. 50 cent. d'ouverture, sous lesquelles il ne passe habituellement que peu ou point d'eau. Le surplus de la longueur est réparti entre quatre grandes arches de 18 mètres d'ouverture et cinq piles de 8 à 9 mètres de largeur. Ces piles sont évidées dans leur milieu par de petits arceaux larges de 4 à 5 mètres et de 5 mètres à 5 mèt. 50 cent. de hauteur, dont le sol est à plusieurs mètres au-dessus des eaux ordinaires.

La petite arche joignant la culée de la rive droite avait été rompue, mais seulement sur une largeur de 8 mètres, et toutes les dispositions avaient été prises pour pouvoir faire sauter, à un instant donné, les grandes arches. A cet effet, on avait démoli les parapets du pont, et jeté les décombres dans le Tibre; les voûtes de deux des arceaux d'évidement étaient également démolies et remplacées par un tablier en bois. Des chambres de poudres étaient préparées sur les reins des grandes arches, etc.

Cette description sommaire fera comprendre de quel intérêt il était pour nous d'empêcher que l'ennemi pût réaliser son projet de mettre le feu à ses poudres, et de nous opposer ainsi un obstacle aussi considérable que l'eussent été des coupures de 18 mètres de largeur, sous lesquelles l'eau s'élève ordinairement à une hauteur de 4 à 5 mètres.

que les hostilités seraient reprises : faire descendre, avant le jour, derrière la digue du Tibre, d'excellents tireurs pris dans nos chasseurs à pied, et qui se glisseraient le long de cette digue jusqu'aux abords de l'arche rompue ; tuer d'un coup de feu la sentinelle, tirer ensuite sur tous les hommes du poste de la rive gauche, qui voudraient s'approcher du pont; enfin, après une heure au moins d'attente, pour être en garde contre toute explosion tardive des fourneaux, pénétrer dans la tour carrée qui est en tête du pont sur la rive droite et que la route traverse, franchir aussi rapidement que possible la coupure, et se porter sur l'autre rive. Telle était la marche à suivre pour se rendre maître du pont, en ôtant à l'ennemi la possibilité de le faire sauter, et sans exposer nos soldats au danger des mines.

Le 3 juin, à l'heure où l'on enlevait la villa Pamfili, les dispositions indiquées par le général Vaillant ayant été prises, la sentinelle du pont tombait frappée à mort dans le Tibre, tandis que les hommes du poste romain, tenus éloignés par les balles de nos soldats embusqués sur la rive droite, ne pouvaient plus se mettre en communication avec les arches sur lesquelles avaient été préparés les fourneaux de mines.

Ce mouvement d'attaque, exécuté par une compagnie du 1er bataillon de chasseurs, qu'appuyaient deux bataillons des 13e léger et 13e de ligne, fut dirigé par le lieutenant-colonel Duprat, de ce dernier régiment.

Pendant ce temps, le lieutenant-colonel du génie Leblanc, aidé d'une section de sapeurs, avait fait disposer et réunir tous les matériaux nécessaires à la réparation du pont.

Il avait aussi fait organiser, à environ 1,500 mètres en aval, un radeau léger, destiné à porter les fusils de 25 voltigeurs qui traverseraient le fleuve à la nage, pour aller tourner le poste chargé de la défense du pont. Les voltigeurs traversèrent le Tibre résolûment; mais, le radeau ayant été entraîné par le courant vers un autre poste romain, les voltigeurs, sans armes, durent s'empresser de repasser sur la rive droite. En amont du pont, d'autres soldats passèrent également à la nage, pour s'emparer d'un bateau qu'on apercevait, et dont on se servit pour porter sur la rive gauche une vingtaine d'hommes, qui prirent possession du débouché du pont, déjà abandonné par les Romains. Ceux-ci, tenus à distance par le feu de nos chasseurs placés sur la terrasse de la tour de la rive droite, n'opposèrent qu'une fusillade lointaine et sans effet.

Le lieutenant-colonel Leblanc se hâta de faire rétablir un passage provisoire, sur la petite arche rompue, au moyen de corps d'arbres et de fascines. On courut alors aux fourneaux de mines des autres arches ; les boîtes aux poudres, chargées et amorcées, furent enlevées par les sapeurs, et l'on fit quelques dispositions de défense en tête du pont, sur la rive ennemie, où les chasseurs occupèrent plusieurs maisons bordant la route des deux côtés.

Le lendemain matin, la section de sapeurs, qui avait trouvé, dans ces maisons, tous les bois et même les outils nécessaires pour réparer le pont et le mettre en état de supporter les plus fortes voitures, effectua rapidement cette opération et revint ensuite au quartier général.

Quelques jours après, le capitaine du génie de Jouslard, envoyé sur les lieux avec une partie de la compagnie de sapeurs qu'il commandait, traça et fit commencer une lunette en terre pour couvrir et assurer le débouché du pont sur la rive gauche. Plusieurs batteries furent préparées, en même temps, sur l'autre rive, pour appuyer, au besoin, cet ouvrage.

Ainsi, dans la journée du 3 juin, l'ennemi avait été refoulé vers la place, sur toute l'étendue du terrain où devaient se développer nos tranchées ; nous avions occupé et fortifié solidement l'importante position de l'église San-Pancrazio, à laquelle la gauche de la première parallèle devait être appuyée ; et, sur le haut Tibre, raprès avoir ejeté les Romains au loin sur la rive gauche, on s'était emparé du ponte Molle, c'est-à-dire d'un moyen assuré de passage, qui permettrait de menacer la ville par le côté de la porte *del Popolo* et du *Corso*, pour faire, s'il y avait lieu, une diversion à l'attaque principale.

<small>Établissement du quartier général du génie et de l'artillerie à San-Carlo.</small>

Le 4 juin, les généraux commandant le génie et l'artillerie se réunirent, ainsi que leurs états-majors, à la villa *San-Carlo*, grande habitation située à 1,500 mètres de la place, en arrière du dépôt de tranchée[1], et au centre, en quelque sorte, des opérations projetées[2].

<small>Tentative d'attaque de la *maison des six volets verts* par les Romains.</small>

Dans la matinée, l'ennemi, s'apercevant sans doute que la *maison des six volets verts* était faiblement occupée, fit une sortie pour venir l'attaquer; mais, deux compagnies de voltigeurs étant accourues de San-Carlo, pour renforcer la compagnie de sapeurs qui tenait cette maison, les Romains s'arrêtèrent sans engager le feu, et se retirèrent ensuite. Peu de temps après, deux embrasures ayant été subitement démasquées par eux au saillant du bastion 6, les boulets criblèrent la maison : deux de nos soldats et un capitaine d'artille-

---

[1] On choisit, pour dépôt de tranchée, un terrain parfaitement abrité des vues de la place, sur le bord du chemin du *Monte-Verde*, et au pied d'un des contre-forts de ce mont. Il avait fallu, pour y faire arriver commodément les voitures, ouvrir une route entre la *via Portuense* et le chemin du *Monte-Verde*, dans le petit vallon à droite de San-Carlo. Ce travail avait été exécuté, le 30 mai, sous la direction du commandant Frossard.

[2] On mentionne cette circonstance de la réunion des officiers de l'artillerie et du génie, à cause des conséquences heureuses qu'elle a eues, en facilitant beaucoup les relations de service, et en permettant de tirer tout le parti possible de l'harmonie parfaite qui n'a cessé de régner entre les officiers des deux armes pendant toute la durée du siége. La rapidité avec laquelle les déterminations communes étaient prises, en raison de ce rapprochement, et l'unité d'impulsion qui en résultait, sont, nous le croyons, un excellent exemple et un antécédent précieux, qui ne doivent pas être oubliés.

rie de marine qui était en mission à l'armée, y furent tués. La compagnie de sapeurs dut revenir à San-Carlo, dans la journée, pour se préparer aux travaux de la tranchée ; et la position resta occupée par plusieurs compagnies du 68ᵉ de ligne, qui, elles-mêmes, furent remplacées le lendemain par une compagnie du 1ᵉʳ bataillon de chasseurs à pied.

Répartition du service pour l'état-major et les troupes du génie.

Le général en chef avait décidé que la tranchée serait ouverte dans la nuit du 4 au 5 juin.

Le général Vaillant régla, comme il va être dit, le service de l'état-major et des troupes du génie, pour toutes les opérations du siége[1] :

Les officiers de l'état-major furent répartis en quatre brigades ainsi composées :

1ʳᵉ brigade.. { MM. Leblanc, lieutenant-colonel.
                Ragon, capitaine.

2ᵉ brigade.. { MM. Goury, chef de bataillon.
               Veilhan, capitaine en 2ᵉ (détaché de sa compagnie).

3ᵉ brigade.. { MM. Galbaud-Dufort, chef de bataillon.
               Boissonnet, capitaine.

4ᵉ brigade.. { MM. Frossard, chef de bataillon.
               Doutrelaine, capitaine.

Chaque brigade devait être de service à la tranchée pendant vingt-quatre heures, et être relevée à neuf heures du matin.

Chacune des trois compagnies de sapeurs, attachées à l'armée, fut divisée en trois brigades, commandées respectivement par les trois officiers de la compagnie, et composées généralement de 3 sous-officiers et de 30 à 35 caporaux et sapeurs, les sergents-majors marchant avec leurs capitaines et les fourriers n'étant pas compris dans la répartition des sous-officiers.

Ces brigades de sapeurs devaient être de service à la tranchée

[1] Ordre du général commandant le génie, en date du 4 juin.

de six heures du soir à six heures du matin et de six heures du matin à six heures du soir, c'est-à-dire qu'elles arrivaient à la tranchée deux heures après les travailleurs de l'infanterie, qui étaient relevés à quatre heures soir et matin.

On modifia quelque peu ces dispositions vers la fin du siége : les sapeurs du génie furent alors relevés à la même heure que les troupes d'infanterie, et un sergent-major de sapeurs fut adjoint, chaque jour, à l'officier supérieur du génie, de service à la tranchée[1].

Il fut ordonné, d'ailleurs, qu'aucune brigade de sapeurs ne quitterait la tranchée qu'après l'arrivée de la brigade qui devait la remplacer.

Répartition du service de l'état-major et des troupes de l'artillerie.

Le service de l'artillerie fut réglé, par le général Thiry, de la manière suivante :

Les chefs d'escadron Devaux, Soleille et Bourdeau devaient être successivement de service à la tranchée pendant vingt-quatre heures, avoir sous leurs ordres toute l'artillerie employée aux attaques[2] et se relever à six heures du soir. Les batteries de campagne, qui étaient attachées aux divisions, furent placées, pour tout le temps du siége, sous les ordres directs du général commandant l'artillerie. Elles abandonnèrent en conséquence leurs cantonnements et vinrent s'établir dans le voisinage de San-Carlo; elles durent concourir aux travaux du siége avec les batteries à pied qui étaient campées à Santa-Passera.

Les détachements de canonniers devaient faire vingt-quatre heures de service et être relevés à sept heures du soir. Aucun dé-

---

[1] Voir la pièce annexe n° 17.

[2] Le général Thiry préféra cette disposition, qui assurait l'unité du commandement et la présence constante sur les lieux d'un chef d'escadron d'artillerie, au mode suivi dans quelques siéges, où, pour chaque attaque, un même officier supérieur restait chargé, pendant tout le siége, de la direction du service des batteries.

tachement ne devait quitter la tranchée s'il n'était remplacé. Chaque officier chargé de la direction d'une batterie avait ordre de remettre au chef d'escadron de jour, en quittant le service, un rapport sur les événements et les consommations des vingt-quatre heures.

Un ordre du général en chef arrêta toutes les dispositions à suivre pour l'ouverture de la tranchée[1].

Ordre général pour l'ouverture de la tranchée.

Cet ordre portait, en substance, que la tranchée serait ouverte, le 4 juin, depuis l'église de San-Pancrazio, où la première parallèle appuierait sa gauche, jusqu'aux escarpements qui descendent à la via Portuense, vis-à-vis du *Testaccio*; qu'à cet effet, 1,200 travailleurs, pris dans la 2ᵉ division, seraient réunis à huit heures et demie du soir sur la route du *Monte-Verde*, près de l'emplacement choisi pour dépôt de tranchée, au-dessous de la villa San-Carlo, et que ces troupes seraient mises à la disposition des officiers du génie, qui les conduiraient sur les points où le travail devait s'exécuter; que le lendemain, à quatre heures du matin, les travailleurs de nuit seraient remplacés par un égal nombre de soldats fournis par la 3ᵉ division; enfin, que la garde de tranchée serait composée de deux bataillons sous les ordres du général de jour, et relevés le lendemain, à quatre heures du soir, par deux autres bataillons.

C'était le général de brigade Chadeysson qui devait, le premier, prendre le service de tranchée pour les vingt-quatre heures. Le lieutenant-colonel Sol, du 33ᵉ de ligne, fut chargé des fonctions de major de tranchée; on mit sous ses ordres, comme aides-majors, trois capitaines d'infanterie.

Le général Rostolan, commandant la 2ᵉ division, dut former, avec le reste de ses troupes, des réserves prêtes à appuyer l'opération, au besoin.

[1] Voir pièce n° 18.

OUVERTURE
de la tranchée.

1ʳᵉ NUIT.
(Du 4 au 5 juin.)

La première parallèle devait être établie à environ 300 mètres des saillants les plus avancés de l'enceinte[1]. A cette distance, le feu de la place pouvait être très-meurtrier. Pour détourner l'attention des défenseurs, le général commandant le génie fit donner l'ordre aux troupes qui occupaient les positions des villas Corsini et Valentini, d'engager la fusillade avec l'ennemi, vers les dix heures du soir.

Tout le matériel du génie avait été réuni au dépôt de tranchée, que des escarpements mettaient, comme on l'a dit, à l'abri des vues de la place. C'est là que les travailleurs vinrent prendre leurs outils, une pelle et une pioche par homme. Mais, par un malentendu fâcheux, ces travailleurs avaient été envoyés avant la garde de tranchée. Le chemin du Monte-Verde, lieu de réunion, étant étroit et encaissé, il fut fort difficile de remettre en tête les bataillons de garde, qui devaient cependant précéder les travailleurs : il en résulta de la confusion, et, par suite, un assez long retard.

Pour cette première opération, le commandement du génie fut divisé. Le chef de bataillon Goury, ayant sous ses ordres le capitaine Veilhan, fut chargé de l'attaque de droite, comprenant à peu près la moitié du développement de la parallèle; le chef de bataillon Dufort, ayant avec lui le capitaine Boissonnet, dirigea l'attaque de gauche. Chacun des chefs d'attaque avait à sa disposition deux brigades de sapeurs. On répartit les 1,200 travailleurs d'infanterie à peu près également entre les deux attaques.

---

[1] Le terrain sur lequel on allait ouvrir la tranchée présentait des difficultés de toute nature, et, de plus, de nombreuses pentes et contre-pentes auxquelles le tracé de la parallèle devait scrupuleusement obéir, sous peine d'avoir des intervalles plus ou moins longs, qui seraient *mal défilés*, et qu'il faudrait peut-être abandonner tout à fait quand le jour serait venu. Aussi le général commandant le génie voulut-il que ce tracé fût étudié avec soin, avant qu'on ne mît la main à l'œuvre; et les deux officiers supérieurs qui devaient être de tranchée le soir passèrent une partie de la journée du 4 à reconnaître et à marquer le mieux possible, sur le terrain, les points principaux par lesquels devait passer la portion de parallèle dont l'exécution leur était confiée.

Attaque de droite. — Les deux brigades de sapeurs, retardées par les obstacles résultant de l'encombrement, ne purent se mettre en marche qu'un peu après dix heures, emportant, outre leurs armes et leurs outils, des gabions et des sacs à terre, et suivies par les travailleurs d'infanterie, qui furent rendus à dix heures et demie près de l'emplacement de la tranchée.

Le chef d'attaque les disposa immédiatement sur le tracé de la parallèle, la longueur d'une pelle déterminant et l'espacement des hommes et l'étendue de l'excavation à faire pour chacun d'eux[1].

Les troupes de réserve suivirent le mouvement et vinrent se masser entre la *maison des six volets verts* et le dépôt de tranchée. Quelques compagnies furent déployées sur la crête des hauteurs qui bordent la vallée du Tibre, pour observer les sorties que l'ennemi aurait voulu faire par la porte Portese.

Le travail commença à onze heures, éclairé par la pleine lune et sous le plus beau ciel. A deux heures du matin, les travailleurs étaient couverts sur la plus grande partie du développement de la tranchée. A trois heures, elle avait partout un mètre de largeur et un mètre de profondeur. Le parapet, dans la traversée du chemin qui coupait la parallèle, fut fait par les sapeurs avec deux rangs de gabions remplis de sacs à terre, et l'excavation en arrière ne s'exécuta qu'après l'achèvement et sous la protection de cette double gabionnade.

Les travailleurs rentrèrent à trois heures et quart. La place ne paraissait pas s'être aperçue de l'ouverture de la tranchée; le travail avait marché sans obstacle.

Il n'y eut, pendant la nuit, que quelques coups de feu isolés; aucun homme ne fut atteint.

Attaque de gauche. — Les deux brigades de sapeurs partirent à neuf heures du dépôt de tranchée, emportant aussi des gabions et des sacs à terre. On remplit ces sacs aussitôt qu'on fut arrivé sur

---

[1] La longueur d'une pelle, manche et fer compris, est de 1 mèt. 30 cent. environ.

le terrain de la parallèle, en attendant les travailleurs d'infanterie. Ceux-ci ne purent commencer leur mouvement qu'à neuf heures et demie. Ils suivirent le chemin qui, du dépôt de tranchée, conduit à l'église de San-Pancrazio, en passant par la *casa Bolasco*. Il était dix heures, lorsque cette colonne de travailleurs arriva près de l'église, où l'extrême gauche de la parallèle devait s'appuyer. C'était à ce moment même qu'avait lieu l'attaque simulée, ayant pour objet de tromper l'ennemi et d'attirer son attention d'un autre côté. Malheureusement la fusillade, qui partait du couvent de San-Pancrazio, fit croire à nos travailleurs qu'ils allaient être attaqués; un bon nombre se débandèrent : il s'ensuivit un désordre qui ne permit pas de commencer à les placer avant onze heures.

Le tracé de la parallèle ne fut entièrement achevé qu'à une heure du matin, et c'est alors seulement que fut fait, sur toute la ligne, le commandement de *haut-les-bras*. A quatre heures on était à un mètre de profondeur presque partout; mais, sur plusieurs points, où le terrain présentait des difficultés, la largeur d'un mètre n'était pas obtenue. On traversa les chemins ferrés à l'aide d'une double rangée de gabions et de sacs à terre.

Le feu de l'ennemi n'ayant été dirigé que sur le couvent de San-Pancrazio et la villa Corsini, il n'y eut point de blessés parmi les travailleurs de la gauche de la ligne.

Aussitôt que le jour commença à poindre, la garde de tranchée, qui jusqu'alors était restée partout en avant des travailleurs, se retira sur le revers de la parallèle.

Dans cette première nuit, le chef d'escadron d'artillerie Devaux prit le service de la tranchée, ayant sous ses ordres la 16e batterie du 3e régiment et la 16e du 8e [1].

---

[1] L'artillerie n'employa pas de travailleurs auxiliaires d'infanterie dans les deux premières nuits du siége. Les canonniers travaillèrent seuls à la construction des batteries nos 1 et 2.

L'artillerie de la place, qui paraissait être nombreuse et bien servie, n'avait guère cessé de tirer, les deux jours précédents, depuis les fronts du Vatican jusqu'au *Monte-Testaccio*. Il importait de répondre pour chercher à imposer à l'ennemi et soutenir le moral de nos travailleurs. Cette circonstance détermina le général commandant l'artillerie à faire commencer, la nuit même de l'ouverture de la tranchée, la construction des batteries.

La disposition des faces et de la courtine du front (6-7) ne permettait pas de les ricocher avantageusement. Le prolongement de la face droite du bastion 6 se perd dans les pentes roides qui forment le versant du Tibre; le prolongement de la face gauche du bastion 7, à la distance favorable au ricochet, tombe dans le vallon dont l'origine est près de la villa Corsini. Quant à la direction de la courtine (6-7), elle va ficher d'un côté dans le Tibre, de l'autre dans le terrain en avant de la porte San-Pancrazio, terrain que nous n'occupions pas : les flancs seuls étaient donc ricochables; mais ces flancs avaient peu de longueur, et l'on avait pu remarquer que, leur escarpe n'étant pas terrassée dans toute sa hauteur, ils n'avaient été généralement organisés que pour une défense par la mousqueterie.

Comme, d'ailleurs, le petit nombre de bouches à feu dont on pouvait disposer au commencement du siège obligeait à se restreindre beaucoup, on se borna à construire deux batteries en arrière de la parallèle : l'une d'elles avait pour objet de contre-battre 3 pièces placées dans le bastion 6, près du saillant; ces pièces tiraient par des embrasures obliques, pratiquées dans le parapet du bastion; leurs feux gênaient depuis deux jours nos communications, inquiétaient les petits dépôts de tranchée et nous avaient même forcés, la veille, à abandonner momentanément la *maison des six volets verts*. La contre-batterie qu'on leur opposa, désignée sous le n° 1, fut placée à 560 mètres de l'enceinte, et presque en

Établissement des batteries n°s 1 et 2.

capitale du bastion 6; on l'arma de 2 pièces de 16 et d'un obusier de 22 centimètres : sa construction et le service de ses pièces furent confiés à la 16ᵉ batterie du 3ᵉ régiment (capitaine Gachot).

La 2ᵉ batterie était destinée à éteindre le feu de la batterie de *Saint-Alexis*[1] et de celle du Testaccio, situées sur la rive gauche du Tibre : leurs projectiles, comme ceux du bastion 6, sillonnaient les pentes du Monte-Verde, par lesquelles se faisaient tous les mouvements du service de tranchée. On choisit, à la droite de la première parallèle, une position découvrant bien Saint-Alexis et le Testaccio, et l'on y construisit cette batterie n° 2, qui devait être armée de 2 pièces de 24 et d'un obusier de 22 centimètres. La 16ᵉ batterie du 8ᵉ régiment (capitaine Langlade) fut chargée de ce travail.

La batterie n° 1, commencée à neuf heures du soir, était achevée et armée le lendemain à quatre heures du matin ; elle ouvrit son feu vers six heures.

La batterie n° 2, commencée en même temps que l'autre, ne fut terminée qu'à six heures du matin. Un accident arrivé à l'une des deux pièces de 24, qui échappa de ses encastrements et qu'il fallut relever, sans qu'on eût sur les lieux aucun des agrès propres à faciliter cette opération, ne permit pas de commencer le feu sur ce point avant neuf heures.

JOURNÉE DU 3 JUIN. *Attaque de droite.* — 450 travailleurs d'infanterie, amenés au dépôt de tranchée à quatre heures du matin, purent commencer à travailler à cinq heures. La tranchée fut portée à une largeur de 3 mètres sur les trois quarts de son développement. La partie la moins avancée était l'extrême droite, communiquant avec la bat-

---

[1] La batterie ennemie dont il s'agit est celle qui était placée devant la petite église de *Santa-Maria del Priorato*. Nous continuerons à la désigner sous le nom de Saint-Alexis, cette dernière dénomination ayant été adoptée dans tous les rapports faits pendant le siége.

terie n° 2. On interrompit le travail de la traversée du chemin, au centre de l'attaque, pour ne pas gêner le feu de la batterie n° 1, placée en arrière.

Attaque de gauche. — Le nombre des travailleurs, de ce côté, fut aussi de 450; ils n'arrivèrent qu'à cinq heures et demie. On les employa immédiatement à élargir la parallèle et à approfondir quelques parties où, pour être défilé, il fut nécessaire de s'enfoncer jusqu'à 1 mèt. 20 cent. et même 1 mèt. 30 cent., en raison de la forte pente du terrain vers la place.

Dès la pointe du jour, l'artillerie ennemie fit un feu très-vif, qui dura une grande partie de la journée, mais sans causer beaucoup de mal, parce qu'on était couvert partout.

Après trois heures de lutte de la batterie n° 1 contre les pièces du bastion 6, celles-ci cessèrent leur feu. On pensa qu'elles étaient désemparées : les sacs à terre, dont étaient formées les embrasures, avaient été, en effet, bouleversés par nos boulets; mais l'ennemi restaura promptement et habilement ces embrasures et se remit à tirer. A plusieurs reprises, notre batterie n° 1 eut le dessus; mais la batterie du bastion, après avoir réparé ses avaries, put toujours recommencer le combat. Il en fut ainsi jusqu'au soir.

De son côté, la batterie n° 2 eut à tenir tête aux deux batteries de la rive gauche; mais elle ne put, de toute la journée, prendre l'avantage; les pièces ennemies répondaient toujours avec supériorité.

L'artillerie, dans cette journée du 5, eut 3 canonniers et 1 officier blessés (le capitaine Gachot). Les pertes totales, du 4 et du 5 juin, s'élevèrent à 10 tués et 73 blessés, parmi lesquels 3 officiers : elles portèrent particulièrement sur les troupes qui occupaient les maisons à la gauche des attaques.

A quatre heures du soir, le général Levaillant (Charles), ayant sous ses ordres le colonel Chenaux du 66e de ligne, prit le commandement de la tranchée. La garde fut relevée en même temps par deux bataillons de la 2ᵉ division (un du 36ᵉ et un du 53ᵉ de ligne) : ce dernier régiment était arrivé le jour même à l'armée.

2ᵉ NUIT.
(Du 5 au 6 juin.)

Les deux commandants du génie, de service pour l'ouverture de la tranchée, conservèrent la direction des attaques jusqu'à une heure après minuit. Ils furent alors remplacés par un seul officier supérieur, le commandant Frossard, qui resta à la tranchée jusqu'au 7 juin à neuf heures du matin. A partir de ce jour, tous les chefs d'attaque prenant le service pour vingt-quatre heures, on rentra dans les prescriptions de l'ordre du 4 juin.

Le chef d'attaque eut sous ses ordres le capitaine Ragon et deux brigades de sapeurs.

Attaque de droite. — Les travailleurs d'infanterie, au nombre de 450, n'arrivèrent qu'à onze heures du soir. Les sapeurs commencèrent quelques gradins dans la parallèle, pour la fusillade et le franchissement.

L'infanterie fut employée soit à élargir la tranchée dans les parties restées en retard, soit à apporter des fascines ou à remplir des sacs à terre pour les créneaux du couronnement de la parallèle.

Attaque de gauche. — A sept heures, 250 hommes, pris parmi les travailleurs, avaient été envoyés au dépôt de tranchée, pour y prendre des sacs à terre, des fascines et des piquets. Au moment où cette troupe rentrait dans la parallèle, vers huit heures et demie, une très-vive fusillade, partie des fronts de la place, mais que l'on jugea plus rapprochée, fit croire à une sortie contre notre gauche. La garde de la tranchée, au lieu de rester sur les revers comme elle le devait, se précipita dans la parallèle et essaya de monter sur la berme pour y attendre l'ennemi. Ce faux mouvement, que les officiers du génie ne purent empêcher, produisit parmi les travailleurs un peu de confusion, d'où résulta une perte de temps.

Dès que l'ordre fut rétabli, on se mit à achever la parallèle, là où elle n'était pas encore entièrement terminée, et à disposer des gradins pour la fusillade dans la traversée de la route de San-Pancrazio.

Le 5, à six heures du soir, le chef d'escadron d'artillerie Bourdeau monta la tranchée, ayant sous ses ordres des détachements des deux batteries Gachot et Langlade.

Dans la nuit, la batterie n° 1 répara ses embrasures endommagées par le feu du jour précédent.

On commença, dans la 1re parallèle, une batterie de quatre mortiers qui prit le n° 3; elle avait pour objet d'inquiéter, par des feux courbes, les défenses des bastions 6 et 7. On l'établit, à cet effet, dans une position intermédiaire entre ces deux bastions, à 210 mètres de la face droite du premier, et à 270 mètres de la face gauche du second. L'exécution de ce travail fut confiée à la 6e batterie du 7e régiment (capitaine Canu).

<small>Établissement de la batterie n° 3.</small>

Le génie eut 900 travailleurs d'infanterie. Les deux brigades de sapeurs formaient un effectif de 70 hommes.

<small>JOURNÉE DU 6 JUIN.</small>

On travailla particulièrement à compléter la largeur de la première parallèle, sur tout son développement. On continua à établir, sur la gauche comme sur la droite, quelques banquettes pour la fusillade, des créneaux en sacs à terre, et, en divers points, des gradins de retraite sur le revers de la tranchée. A l'extrémité de droite, une petite longueur de la parallèle se trouvant prise d'écharpe, du Testaccio, par suite d'une erreur dans le tracé, on y disposa, par ordre du général Vaillant, une espèce de masque en forme de pont, composé de quelques corps d'arbres portant des fascines.

Un orage violent et de longue durée, survenu dans l'après-midi, causa de grands ravages dans la tranchée, particulièrement sur la gauche. Les créneaux en sacs à terre furent entraînés, les gradins bouleversés, tous les talus ravinés, et la parallèle se trouva complètement remplie d'eau et de boue. Il fallut, tout autre travail cessant, s'occuper de donner un écoulement à ces eaux, et assainir la parallèle, que ni les gardes de tranchée, ni les travailleurs ne pouvaient plus habiter.

En arrière de la batterie n° 3 en construction, on pratiqua une tranchée qui la contournait et qui avait pour but d'établir la continuité de la circulation, sans qu'on eût à passer par la batterie elle-même.

Vers la droite, on approfondit la parallèle dans la traversée du chemin en capitale du bastion 6, partie dont le parapet avait dû être tenu bas, afin de ne pas gêner le tir de la batterie n° 1.

Enfin, en arrière du mur de clôture du jardin de San-Pancrazio, on compléta une tranchée commencée dès le 3, pour suppléer, au besoin, à la protection que nous donnait ce mur, dans le cas où le canon de la place, qui le battait vivement, finirait par le renverser. La 13e batterie du 3e régiment (capitaine Serrand) travailla à disposer une partie du parapet de cette tranchée, de manière à couvrir les pièces de campagne qui se trouvaient à San-Pancrazio depuis le 3 juin.

Pendant toute la journée du 6, et même pendant l'orage, les batteries n°^{os} 1 et 2 continuèrent leur feu, la première contre le bastion 6, la seconde contre les batteries de la rive gauche du Tibre. Le tir de l'artillerie ennemie ne fut pas, non plus, interrompu durant l'orage. Dans la batterie n° 2, le lieutenant Clère, de la 16e batterie du 8e régiment, fut tué, et un canonnier fut blessé.

A quatre heures, le général Morris et le colonel Marchesan, du 16e léger, prirent le service de la tranchée.

La 2ᵉ division fournit, pour la garde, un bataillon du 66ᵉ et un du 68ᵉ de ligne.

3ᵉ NUIT.
(Du 6 au 7 juin.)

Dans cette nuit, on construisit à la sape volante, sur la gauche de la batterie de mortiers n° 3, le premier boyau d'une marche en zigzags dirigée contre le bastion 7 ; sa longueur était de 80 mètres[1]. On put, sans inconvénient sérieux, adopter, pour la partie la plus avancée de ce boyau, une direction qui allait ficher dans le bastion 6, attendu que le relèvement du terrain dans le sens du tracé, et le relief d'un petit chemin faisant comme traverse, défilaient suffisamment de ce bastion 6.

Afin de se procurer une communication sûre entre le grand dépôt de tranchée et les attaques, on exécuta, en arrière de la première parallèle, un ensemble de trois boyaux, coupant deux fois le chemin en capitale du bastion 6. Les deux premiers boyaux étaient dérobés aux vues du Testaccio et de Saint-Alexis, soit par leur tracé même, soit par le relief et l'inclinaison du terrain naturel ; mais le troisième boyau, fort court du reste, dut être couvert de chaque côté par une sape simple. Cette communication débouchait du bord d'une déclivité assez roide, sur laquelle nous avions trouvé un sentier qui ne demandait qu'à être rectifié dans quelques parties de son tracé et de ses pentes, pour compléter la communication jusqu'au dépôt de tranchée.

Enfin, à l'extrême gauche de la parallèle, on raccorda celle-ci, par une petite tranchée, avec le revers d'un chemin existant, re-

---

[1] Tous les jours, le chef d'attaque, avant de quitter la tranchée, faisait le lever des travaux qui avaient été exécutés dans les vingt-quatre heures. On en rapportait le tracé sur le plan directeur, et le général commandant le génie décidait quels étaient les travaux à entreprendre en conséquence de ceux qui avaient été déjà faits.

Le plan directeur, à l'échelle du deux-millième ($\frac{1}{2000}$), était du reste fort incomplet, et laissait beaucoup à désirer. C'était, tout simplement, l'amplification d'une carte au quinze-millième ($\frac{1}{15000}$), que nous avions pu nous procurer à Rome dès le mois de mai.

vers qui présentait une dépression de 1 mèt. 30 cent., et qui, étant d'ailleurs bordé d'arbres et de haies, donnait un relief à peu près suffisant pour permettre aussi d'arriver, à couvert, de ce côté.

A six heures du soir, le chef d'escadron d'artillerie Devaux monta la tranchée, ayant sous ses ordres les batteries Canu et Rochebouët, et des détachements des batteries Gachot et Langlade, ainsi que 300 travailleurs d'infanterie.

La batterie n° 3, commencée la veille, fut terminée dans la nuit, et armée le 7, à quatre heures du matin. Les quatre mortiers qu'on y plaça étaient les seuls que possédât l'équipage de siège. Ces pièces avaient été amenées à découvert avant le jour. Toutefois le capitaine Canu, chargé du service de cette batterie, reçut ordre de ne pas la démasquer avant que les autres contre-batteries n'eussent été construites.

Les pertes totales des vingt-quatre heures furent de 5 tués et 9 blessés. Deux carabiniers du 13e léger avaient été tués par un même boulet, en traversant, pour venir au travail, le fond du ravin que coupe la première parallèle.

JOURNÉE DU 7 JUIN. Le lieutenant-colonel du génie Leblanc releva, à neuf heures du matin, le chef d'attaque : il avait sous ses ordres trois brigades de sapeurs, commandées chacune par un officier et formant un total de 92 hommes, et 900 travailleurs d'infanterie.

Dans le jour, on élargit et l'on porta à près de 3 mètres la tranchée ouverte la nuit précédente; on fit aussi des gradins pour le franchissement et pour la fusillade. L'approvisionnement de gabions nécessaires pour le travail de nuit fut réuni dans la parallèle, et la direction des nouveaux boyaux, à exécuter la nuit suivante, fut reconnue sur le terrain.

A une heure après midi, la place ouvrit, contre la batterie n° 1, un feu plus vif encore que les jours précédents; l'armement des remparts avait été augmenté de plusieurs pièces. Vers six heures, la batterie n° 1 dut cesser de tirer; ses embrasures étaient en partie démolies, son épaulement fortement labouré, et elle avait éprouvé quelques pertes.

La batterie n° 2 tira par intervalles et irrégulièrement, pour répondre au feu des batteries Saint-Alexis et du Testaccio, mais sans pouvoir prendre l'avantage.

A l'heure ordinaire, le général et le colonel de jour furent relevés par le général Levaillant (Jean) et le colonel Ripert, du 25ᵉ léger.

Garde de la tranchée.. { Un bataillon du 36ᵉ de ligne. Un bataillon du 53ᵉ de ligne.

4ᵉ nuit.
(Du 7 au 8 juin.)

Au centre des attaques, on traça et l'on construisit, à la sape volante, un boyau de 46 mètres de longueur, sur le revers d'un chemin qui va passer un peu en avant du saillant 7; et, à son extrémité, on fit deux retours, l'un de 40 mètres, l'autre de 30 mètres formant place d'armes. On ouvrit aussi deux communications avec la batterie n° 4 que l'artillerie commença dans cette même nuit, comme il sera dit ci-après. L'une de ces communications, qui avait 76 mètres de longueur, fut exécutée en sape simple; et l'autre, qui avait 18 mètres seulement, fut faite en sape double.

A la droite de la parallèle, un boyau fut tracé dans une direction passant entre la batterie romaine du Testaccio et la batterie de Saint-Alexis; il fut construit en sape double pour être couvert à la fois de l'une et de l'autre batterie; on l'arrêta à 40 mètres de la parallèle, et l'on fit deux retours, l'un à droite en forme de place d'armes, l'autre à gauche, de 70 mètres de longueur, pour continuer le cheminement sur le bastion 6. Tout ce travail fut exécuté à la sape volante. Le développement des tranchées ouvertes dans la nuit était de 418 mètres; on y employa 600 gabions.

Avant l'arrivée des travailleurs, on avait eu soin d'arracher les grands roseaux qui soutiennent les vignes, afin d'éviter le bruit que nos soldats auraient inévitablement fait en les brisant.

A la gauche des attaques, en avant des villas Corsini, Valentini, et de quelques maisons situées encore plus au nord et également occupées par nous, les chemins bordés de murs ou de haies épaisses et les vignes qui couvraient le terrain facilitaient beaucoup les retours offensifs de l'ennemi. Il fallait, pour éviter des surprises, que nos troupes fussent nombreuses partout et constamment tenues sur pied. On y perdait quelques hommes tous les jours. Le général commandant le génie ordonna divers travaux pour améliorer cette occupation, en fermant les abords du côté de la place, en assurant et facilitant les communications et en couvrant nos soldats par des épaulements en terre, derrière lesquels ils pouvaient s'abriter, quand le feu de l'artillerie devenait trop vif contre les maisons qu'ils avaient à garder. Une brigade de sapeurs fut exclusivement employée à la mise à exécution de ces mesures de défense, qui demandèrent plusieurs jours. Les travailleurs d'infanterie nécessaires étaient fournis par les corps bivouaqués à Pamfili. Ce service était sous la direction supérieure des chefs d'attaque, mais il avait son organisation à part. Les chefs des brigades de sapeurs se transmettaient les instructions primitivement données; il y eut peu à y modifier.

A six heures du soir, le chef d'escadron d'artillerie Soleille prit le service de la tranchée. Des détachements des batteries Gachot, Langlade, Canu, Rochebouët, et 120 travailleurs d'infanterie étaient sous ses ordres.

Établissement de la batterie n° 4.

Une nouvelle batterie fut commencée dans la nuit. Comme on ne pouvait ricocher, ainsi qu'on l'a dit, les faces des bastions attaqués, il était d'autant plus nécessaire de les contre-battre directement, pour éteindre leurs feux et permettre à la sape de s'avancer vers les deux saillants. Il avait été décidé, en conséquence, qu'on établirait deux contre-batteries, l'une contre la face droite du bastion 6, et l'autre contre la face gauche du bastion 7. Cette dernière batterie ne pouvait être entreprise que quand les cheminements seraient arrivés sur une arête de terrain qui masquait le bastion 7. Quant à celle qui devait être opposée à la face droite du bastion 6, il existait, en avant de la parallèle et tout près de la batterie de mortiers, un emplacement favorable, à 180 mètres environ de la face du bastion ; ce fut là qu'on établit cette nouvelle batterie, désignée par le n° 4. Elle devait avoir pour objet, avant tout, de tirer à écrêter l'escarpe non terrassée ; mais, comme elle découvrait cette escarpe sur une assez grande partie de sa hauteur, on jugea qu'il serait bon d'essayer de battre en brèche, lorsque le premier but aurait été atteint. Dans cette pensée, l'armement de la batterie fut fixé à quatre pièces, deux de 16 et deux de 24, les premières pour tirer particulièrement aux embrasures et aux créneaux, les secondes pour ouvrir l'escarpe.

La 12e batterie du 5e régiment (capitaine Rochebouët) fut chargée de cette construction. Pour donner plus de commandement à la batterie, on l'établit sur le sol naturel [1]. L'emplacement avait été reconnu dans le jour ; on y amena les travailleurs à huit heures et demie du soir. La batterie avait, à trois heures du matin, toute sa hauteur, mais seulement le quart de l'épaisseur de son parapet. Toutes les terres du fossé avaient été poussées contre le revêtement intérieur pour le protéger.

Les pertes totales des vingt-quatre heures furent de 5 tués et 10 blessés.

---

[1] La batterie n° 4 est la seule qui ait été construite sur le sol naturel et en avant des tranchées. Toutes les autres ont été établies dans les tranchées mêmes. Le génie, après avoir livré à l'artillerie l'emplacement suffisamment élargi, pratiquait une communication en arrière pour contourner la batterie.

JOURNÉE DU 8 JUIN.

Le chef de bataillon du génie Goury, chef d'attaque, avait sous ses ordres le capitaine Veilhan et trois brigades de sapeurs, dont une pour les travaux des maisons Corsini, Valentini, etc.

Nombre de travailleurs.... { Sapeurs 90
Troupes d'infanterie...... 900

A l'extrême droite, on dut creuser et élargir un peu la parallèle près de la batterie n° 2, et l'on fit un bout de tranchée pour la mettre en communication avec cette même batterie. A droite de la maison *grise,* on prépara une rampe pour faire descendre, dans la parallèle, l'artillerie destinée à l'armement de la batterie n° 4 en construction et des batteries à faire ultérieurement.

Au cheminement dirigé sur le bastion 6, la sape double, qui part de la parallèle, fut perfectionnée; on élargit la place d'armes de droite et le boyau de gauche. Dans l'après-midi, quelques boulets ayant écharpé l'extrémité de ce boyau, et tué un sergent du génie et un soldat du 36ᵉ de ligne, le travail resta suspendu jusqu'à la nuit.

Sur toute la droite, on continua l'établissement de banquettes pour la fusillade et le franchissement, et l'on tailla en gradins le revers de quelques tranchées.

Au centre, la communication en arrière de la batterie de mortiers fut élargie; on perfectionna les cheminements en avant de la parallèle.

Sur la gauche, la largeur de diverses portions de la parallèle fut augmentée.

Dès le matin et pendant tout le jour, l'ennemi inquiéta par son tir les travaux de la batterie n° 4. Le feu de mousqueterie et d'artillerie devint si vif, de quatre à six heures du soir, que l'on donna ordre d'abandonner momentanément le travail des plates-formes, que l'on avait commencé à l'abri de l'épaulement. Plusieurs pièces, que l'ennemi venait de démasquer, prenaient la batterie d'écharpe et presque d'enfilade. On se hâta d'augmenter, au moyen de sacs à terre, le relief d'une traverse qui avait été établie en retour, sur la gauche, en même temps que le coffre de la batterie. Les plates-formes purent être terminées avant la nuit.

Dans cette journée du 8, la place dirigea son feu sur les batteries n°s 1 et 2, aux mêmes heures que les jours précédents. Ces batteries répondirent; elles eurent d'heureux coups d'embrasures; mais l'ennemi réparait vite ses avaries, et il changeait souvent la position de ses pièces, les transportant d'une embrasure à une autre. De plus, il démasqua, ce jour-là, deux nouvelles batteries : l'une près de celle de Saint-Alexis, derrière un épaulement en terre récemment élevé; l'autre à 7 ou 800 mètres à l'est du Testaccio, devant l'église de *Saint-Saba*. Ces dernières batteries semblaient, comme les premières, avoir principalement pour but de jeter des feux sur les revers du Monte-Verde, au moment du passage des colonnes de travailleurs ou des gardes de tranchée, circonstance dont l'ennemi était informé par des signaux faits de la coupole de Saint-Pierre, d'où l'on apercevait nos communications.

A quatre heures, le général Chadeysson et le colonel de Leyritz, du 68e de ligne, relevèrent le général et le colonel de tranchée.

Garde de la tranchée.. { Un bataillon du 32e de ligne. Un bataillon du 53e de ligne.

A partir de ce jour, et sur la demande du général commandant le génie[1], une compagnie du 1er bataillon de chasseurs à pied, relevée toutes les vingt-quatre heures, fut mise spécialement à la disposition des officiers qui commandaient l'artillerie et le génie à la tranchée. Ces chasseurs, établis dans de bonnes positions et

[1] Voir la pièce n° 19.

parfaitement renseignés sur la distance à laquelle ils étaient de la place, protégèrent très-efficacement les travaux par la précision de leur tir, dirigé surtout aux créneaux et aux embrasures de l'ennemi.

5ᵉ NUIT.
(Du 8 au 9 juin.)

On continua la communication de la parallèle à la batterie n° 2.

Au cheminement de droite, la place d'armes à droite de la sape double fut terminée, et l'on rectifia le travail du boyau de gauche, dont la direction avait paru trop rapprochée de la place.

Au cheminement du centre, on prolongea d'environ 10 mètres la place d'armes faite la nuit précédente à la gauche du chemin, et l'on ouvrit, à partir de l'extrémité du boyau de droite, une nouvelle tranchée d'une longueur de près de 80 mètres.

A l'extrême gauche des attaques, un cheminement fut entrepris en avant de la première parallèle. Ce travail éprouva du retard, par suite d'un malentendu qui fit essuyer, à l'officier chargé de le diriger, le feu d'un de nos postes de la villa Corsini. Un sapeur fut grièvement blessé près de cet officier.

Le chef d'escadron Bourdeau prit le service de l'artillerie à six heures du soir, ayant sous ses ordres des détachements de cinq batteries et 220 travailleurs d'infanterie.

On continua l'épaulement de la batterie n° 4 ; on fit les embrasures et l'on commença à couper en glacis le terrain en avant, qui, formant une arête saillante, relevée encore par les restes d'un mur de clôture, aurait empêché les pièces de gauche de découvrir suffisamment l'escarpe. Le masque qui devait couvrir la batterie des coups d'écharpe du bastion 7 fut encore épaissi. Trois des pièces destinées à l'armement avaient été amenées dans la communication de la batterie avec la parallèle ; mais elles ne purent être mises en place cette nuit, parce que la pluie avait rendu les abords des plates-formes très-glissants. La quatrième pièce, qui était du calibre de 16, avait échappé dans la rampe du Monte-Verde. Les traits des attelages de devant s'étaient rompus, en même temps que le conducteur de derrière tombait sous ses chevaux en voulant changer brusquement de direction. Cette pièce, placée sur une pente roide, chassa devant elle les chevaux de derrière et fut lancée, avec une extrême rapidité, jusqu'au bas de la descente, près de la via Portuense. Là, une des roues étant tombée dans un fossé, la pièce s'arrêta; elle se trouvait à plus de 400 mètres de la ligne de nos postes avancés. Un détachement d'infanterie fut établi, à quelque distance, pour empêcher que l'ennemi ne l'enlevât. Ce fut la nuit suivante seulement (du 9 au 10), qu'une compagnie de voltigeurs s'étant portée, avec des travailleurs et des attelages, vers le lieu où était la pièce, celle-ci put être relevée et ramenée à la batterie n° 4 dont elle compléta l'armement.

Les pertes totales des vingt-quatre heures furent de 2 tués et de 19 blessés, parmi lesquels 4 officiers.

JOURNÉE DU 9 JUIN. Le chef de bataillon du génie Galbaud-Dufort prit la direction des attaques à neuf heures. Il avait sous ses ordres trois brigades de sapeurs, dont une à la villa Corsini.

Nombre de travailleurs.... { Troupes du génie........ 90
Troupes d'infanterie...... 824

La tranchée de communication avec la batterie n° 2 fut achevée. On termina, dans le cheminement de droite, les boyaux précédemment entrepris.

A l'attaque du centre, on approfondit et l'on élargit le boyau exécuté à la sape volante dans la dernière nuit, boyau dont la direction va presque ficher dans le bâtiment dit *le Vascello*[1]. A son

[1] Le bâtiment appelé *Vascello di Francia* ou *Villa Giraud* était une construction très-étendue et d'une grande solidité, dont les fenêtres avaient été bouchées avec

extrémité, il fut nécessaire d'élever un masque pour assurer le défilement. On améliora, en outre, les tranchées en arrière, en s'appliquant à établir des créneaux en sacs à terre, partout où l'on pouvait prendre des vues efficaces sur les embrasures de l'ennemi.

A la gauche, les ouvrages commencés la nuit précédente furent perfectionnés. On fit des gradins de fusillade et de franchissement, sur divers points.

Quelques travailleurs avaient été tenus en réserve, les uns pour relever, par intervalles, les ateliers où le travail était plus pénible ou plus urgent, les autres pour réunir les matériaux nécessaires aux opérations de la nuit suivante.

La batterie n° 1 répondit, pendant tout le jour, au feu de la place. Son obusier de 22 centimètres fut mis hors de service par un coup de boulet, qui refoula le métal à la tranche de la bouche; un autre coup endommagea un affût, en frappant la tête d'un des flasques.

La batterie n° 2 n'ouvrit son feu que vers trois heures; il ne dura pas longtemps, les batteries de la rive gauche ayant cessé elles-mêmes de tirer.

Le général Levaillant (Charles) prit, à quatre heures du soir, le commandement de la tranchée. Le colonel d'Autemarre, du 53ᵉ de ligne, lui fut adjoint.

Garde de la tranchée.. { Un bataillon du 22ᵉ léger. Un bataillon du 36ᵉ de ligne. Une compagnie du 1ᵉʳ bataillon de chasseurs.

---

des sacs à terre laissant passer le feu de la mousqueterie, et dont les terrasses portaient des parapets également en sacs à terre et armés d'artillerie. On avait, d'ailleurs, crénelé avec soin tous les murs de clôture. C'était, à 200 mètres en avant de la porte San-Pancrazio, une excellente place d'armes ou ligne de contre-approche, que la faiblesse de nos moyens en artillerie permit aux Romains d'occuper jusqu'aux derniers jours du siège.

A la nuit close, on entreprit, au centre des attaques, un nouveau boyau, sensiblement parallèle à la face gauche du bastion 7, et d'une longueur de 43 mètres, à partir de la tête de la tranchée, d'où il débouchait. A gauche de cette même tranchée, on posa une douzaine de gabions, en forme de retour faisant un angle peu prononcé avec le nouveau boyau.

6ᵉ NUIT.
(Du 9 au 10 juin.)

Dans la villa Corsini, on exécuta, à la sape volante, une tranchée de 88 mètres de longueur, reliant la maison au mur de clôture le long de la route de San-Pancrazio.

De l'autre côté de cette route, et en continuation du cheminement commencé, on fit un boyau dirigé vers la villa Corsini. Mais cette dernière tranchée ne put être poussée jusqu'au mur même de la villa, une pluie d'orage, qui tomba en abondance, ayant dispersé les travailleurs, sans qu'il eût été possible de les rallier ; la longueur de cette tranchée fut seulement de 55 à 60 mètres.

Enfin, au cheminement de l'extrême droite, on commença un retour de quelques mètres seulement, parallèle à peu près à la face gauche du bastion 6.

Vers la tombée de la nuit, l'ennemi essaya de se porter sur nos travaux, dont il s'approcha à fort peu de distance, surtout vers la droite des attaques. Il en résulta une certaine émotion et, par suite, un peu de désordre dans la tranchée, parmi les travailleurs, qui se mirent à tirailler avec la garde. On ne put savoir quelle était l'importance numérique de cette sortie. A neuf heures du soir le feu avait complétement cessé, et il ne reprit pas de toute la nuit.

C'est vers cette même heure que l'orage dont on a parlé plus haut se déclara. La pluie ne cessa pas de tomber jusqu'au jour. Les tranchées étaient noyées en certains points, dégradées et détrempées partout. Il fallut placer, sur tout leur développement, des travailleurs pour les nettoyer et réparer les éboulements.

Le chef d'escadron Devaux releva le commandant de l'artillerie à six heures du soir. Il avait sous ses ordres des détachements de quatre batteries et 100 travailleurs d'infanterie.

Dans les vingt-quatre heures, les pertes totales furent de 4 tués et 17 blessés parmi lesquels 4 officiers.

JOURNÉE DU 10 JUIN. *Chef d'attaque :* Le chef de bataillon du génie Frossard, ayant sous ses ordres trois brigades de sapeurs, dont une employée aux travaux des villas Corsini, Valentini, etc.

Nombre de travailleurs.... { Troupes du génie........ 92
{ Troupes d'infanterie...... 600

On continua, sur la gauche, le boyau qui, en s'infléchissant dans son tracé, vient tomber à peu près perpendiculairement sur la route de San-Pancrazio. Cette partie fut exécutée par les sapeurs, à la sape demi-pleine, c'est-à-dire sans gabion farci, attendu que la direction des coups dangereux était perpendiculaire à celle du cheminement. On élargit et l'on perfectionna le reste du même boyau et celui qui est en arrière.

La tranchée menée de la villa Corsini à la route fut terminée ; on lui fit un retour le long du mur de clôture.

Les boyaux en arrière de cette villa, qui donnaient communication avec l'église de San-Pancrazio, furent achevés également.

Au centre, on élargit et on régularisa dans leurs pentes les tranchées du cheminement dirigé contre la face gauche du bastion 7. Une traverse, en forme de pont, dut être établie vers le milieu du boyau dont la direction va ficher près du Vascello.

Le feu du bastion 7, à mesure que nos cheminements se rapprochaient de cet ouvrage, devenait de plus en plus gênant. L'artillerie avait hâte, en conséquence, d'élever une batterie qui pût, avant tout, le contre-battre, ruiner ses parapets, et même essayer ensuite d'y faire brèche, si l'on pouvait découvrir une hauteur suffisante d'escarpe. Le boyau de tranchée construit la nuit précédente, parallèlement à la face gauche du bastion, n'étant éloigné que d'environ 105 mètres de cette face, il fut décidé, bien qu'une arête de terrain empêchât de voir autant de hauteur de mur qu'on l'aurait désiré, qu'une batterie serait établie en ce point. Le service du génie s'occupa donc, dans la journée du 10, de donner à cette tranchée la largeur nécessaire; elle était de 6 mètres, quand la tranchée fut remise à l'artillerie, qui y commença, la nuit suivante, la batterie n° 5, comme on le dira ci-après. On attendait que celle-ci fût terminée et qu'elle pût entrer en jeu avec les batteries n°s 3 et 4 qui étaient déjà prêtes, afin d'ouvrir en même temps le feu contre le front (6-7) tout entier. C'est pourquoi, dans la journée du 10, les batteries n°s 1 et 2 répondirent seules au feu de la place.

Ce même jour, une reconnaissance, composée principalement d'un bataillon du 13e léger, et d'un détachement de sapeurs commandé par le capitaine Ragon, fut envoyée sur l'*Anio* (ou Teverone) pour couper les trois ponts *Salaro*, *Nomentano* et *Mammolo*, et intercepter, de ce côté, les communications de la campagne avec Rome.

A la hauteur de la casa Maffei, on fit une coupure dans l'aqueduc de l'*Acqua-Paola*, dont les eaux mettent en mouvement tous les moulins du Transtevère, et alimentent les fontaines de la place Saint-Pierre. Cette coupure et le barrage de retenue étaient disposés de telle façon, qu'on pût rendre les eaux à la ville dès que les Français y auraient pénétré.

A quatre heures, le général Morris, ayant sous ses ordres le colonel Blanchard, du 36e de ligne, prit le commandement de la tranchée.

Garde de la tranchée..
- Un bataillon du 66e de ligne.
- Un bataillon du 68e de ligne.
- Une compagnie du 1er bataillon de chasseurs.

SIÉGE DE ROME.

7ᵉ ɴᴜɪᴛ.
(Du 10 au 11 juin.)

A la gauche, on acheva la sape demi-pleine qui traverse la route de San-Pancrazio ; on perça le mur de soutenement de la villa Corsini, et l'on commença une rampe donnant accès sur le terrain élevé de cette villa, afin de pouvoir y communiquer directement, de la 1ʳᵉ parallèle, et ne plus être dans l'obligation de passer par l'église : au jour, cette communication était établie.

De ce même côté des attaques, on traça et on exécuta à la sape volante une place d'armes de 116 mètres de longueur, défilée d'aussi près que possible du bastion 6, eu égard à la pente descendante du terrain sur lequel on cheminait.

Au centre, on construisit, à droite de l'emplacement de la batterie n° 5, un boyau d'un tracé brisé et de 50 mètres de développement, passant devant des maisons détruites et allant ficher dans le massif de décombres d'une autre maison en ruine sur le mur qui forme la face droite de la *demi-lune* du front (6-7)[1].

Quant à la droite des attaques, on prolongea à la sape volante, sur une longueur de 25 mètres, une sape double commencée la nuit précédente, et on amorça un retour à sa gauche.

Au point du jour, lorsque les travailleurs furent relevés, on mit du monde à élargir et à perfectionner ces divers cheminements.

Enfin, on élargit et on régularisa le sentier qui, à gauche de la *maison des six volets verts* et sur la pente ouest du contre-fort, continue la communication de la 1ʳᵉ parallèle avec le dépôt de tranchée de San-Carlo.

Le chef d'escadron Soleille prit, à six heures du soir, le service de l'artillerie à la tranchée. Il avait, sous ses ordres, des détachements de 6 batteries et 150 travailleurs d'infanterie.

Établissement de la batterie n° 5.

A l'entrée de la nuit, l'artillerie s'établit dans la tranchée pa-

[1] Ainsi que nous l'avons dit dans une note précédente, nous ne savions pas encore que ce mur fût, en réalité, une face de demi-lune.

rallèle à la face gauche du bastion 7, et y commença la construction de la batterie n° 5, devenue d'autant plus nécessaire que le feu de ce bastion inquiétait fortement la batterie n° 4, bien que celle-ci n'eût pas encore tiré. Cette nouvelle batterie, ainsi qu'on l'a dit plus haut, avait un double but, qui était, d'abord et principalement, d'éteindre le feu de la face gauche, puis de chercher à renverser le revêtement de l'escarpe. De plus, comme certains coups d'obus, dont la batterie n° 4 souffrait, paraissaient venir du flanc gauche du bastion 8, on jugea nécessaire que la batterie projetée pût contre-battre aussi ce flanc. En conséquence, son armement fut porté à 5 bouches à feu, savoir : 2 pièces de 16 pour ruiner les défenses de la face du bastion 7, 2 pièces de 24 pour essayer de faire brèche à la même face, et un obusier de 22 centimètres destiné à tirer aux embrasures du flanc du bastion 8.

L'exécution de cet ouvrage et le service de ses pièces furent confiés à la 12ᵉ batterie du 3ᵉ régiment (capitaine Pinel). On éleva l'épaulement de la batterie en avant du parapet de la sape; au jour, on était couvert.

Dans la nuit du 10 au 11, on entreprit aussi la construction d'une batterie portant le n° 6, et qui avait été admise en principe ainsi qu'une autre dont on va parler.

Le front (8-9), sur la courtine duquel a été ménagée la porte San-Pancrazio, occupe la partie culminante du Janicule; c'est en ce point, comme tête de position, que venaient se réunir les deux branches de l'ancienne enceinte construite par Aurélien. D'après les dispositions arrêtées par le général commandant le génie, une fois l'assaut donné au front (6-7) et l'établissement fait dans ses deux bastions, les attaques devaient opérer un mouvement de *tête de colonne à gauche*, comme on l'a dit ci-dessus, et marcher contre le sommet de l'enceinte Aurélienne, où l'on devait supposer que l'ennemi avait préparé des moyens de défense intérieure, pour nous disputer vigoureusement l'occupation de cette position dominante, nœud des opérations ultérieures contre la ville.

Il importait donc, afin d'aider au succès de cette marche, de pouvoir, en même temps qu'on ouvrait le front (6-7), ruiner directement les défenses du front (8-9), et même pratiquer une brèche, s'il était possible, au bastion 9, de manière à faire craindre à l'ennemi d'être tourné sur ce point; danger grave pour lui, car, en prenant ainsi à revers la branche de l'enceinte Aurélienne, qui descend dans une direction perpendiculaire au Tibre, nous annulions toutes les barricades et tous les retranchements préparés, dans le Transtevère, en vue d'une attaque par la porte Portèse.

Pour atteindre le but qui vient d'être indiqué, une forte batterie sur les terrains élevés de la villa Corsini était nécessaire. On avait reconnu, en outre, que l'établissement d'une autre batterie sur ce même plateau, pour prendre d'écharpe le bastion 7 et le front (6-7) tout entier, serait éminemment utile; mais les ressources bornées et déjà toutes engagées de notre artillerie, ne permettaient pas de construire à la fois ces deux batteries. Il fallut opter; et comme la batterie contre le bastion 7 devait apporter une coopération immédiate à l'attaque principale, on se décida à l'établir la première[1] : c'est celle qui prit le n° 6. Placée sur le petit plateau de la villa Corsini, à 425 mètres environ du bastion 7, on la traça de manière à contre-battre presque perpendiculairement la face droite de ce bastion, et à prendre d'écharpe la face gauche ainsi que la courtine (6-7).

L'armement de cette batterie fut fixé à 2 pièces de 24 et 2 obusiers de 22 centimètres. Les 2 obusiers avaient pour objet de porter des projectiles creux sur les diverses parties du front d'attaque.

La 13ᵉ batterie du 3ᵉ régiment (capitaine Serrand) fut chargée de l'exécution et du service de la batterie n° 6. On la commença

---

[1] L'autre batterie ne fut construite que plus tard, dans la 14ᵉ nuit; elle fut désignée sous le n° 10.

dans la nuit; mais l'éloignement du grand parc, d'où devaient venir les outils et les fascinages, ne permit pas d'y travailler sérieusement avant deux heures et demie du matin; et, quand vint le jour, les travailleurs n'étaient pas encore à couvert.

Dans la nuit, vers deux heures du matin, les assiégés tentèrent d'incendier notre pont de Santa-Passera. On signala tout à coup, sur le Tibre, un brûlot qui descendait le fleuve en se dirigeant vers le pont, et qui remorquait deux barques remplies de poudre et d'autres matières inflammables. Dès que ce brûlot fut arrivé au dernier coude que fait le Tibre en amont, la clarté qu'il répandait donna l'éveil aux matelots chargés du service des pièces de marine qui défendaient l'ouvrage de la rive gauche. Quelques coups de canon, tirés par eux, n'ayant pu réussir à couler bas le brûlot, les barques incendiaires arrivèrent jusqu'à l'estacade qui barrait le fleuve et s'arrêtèrent là. Les matelots, s'élançant alors dans une embarcation, accostèrent résolûment ces barques, les dirigèrent vers la rive, après avoir coupé les communications du feu et enlevé les amorces, et les firent couler bas[1].

Il est à présumer que l'ennemi, averti de l'arrivée de plusieurs tartanes qui nous apportaient du matériel d'artillerie, et qui déjà étaient mouillées en aval et fort près du pont, avait fait cette tentative pour détruire d'un seul coup le pont et ce nouvel équipage de siége.

Les pertes des vingt-quatre heures furent de 1 tué et 9 blessés.

Chef d'attaque : le chef de bataillon du génie Goury, qui avait sous ses ordres 3 brigades de sapeurs, dont une pour les travaux des maisons Valentini, et 800 travailleurs d'infanterie.

JOURNÉE DU 11 JUIN.

---

[1] L'intrépidité de nos marins, dans cette circonstance, fut remarquée de tous. Les soldats eux-mêmes s'empressèrent de la signaler à l'amiral Tréhouart, qui, le lendemain, visitait les cantonnements voisins.

Au cheminement de droite, on acheva la sape double commencée la nuit précédente.

Au centre, on s'occupa d'élargir et de perfectionner les communications qui devaient servir à l'armement de la batterie n° 5; on élargit aussi le boyau à droite de cette batterie, et l'on entreprit le percement de la maison en ruine, à laquelle il aboutit dans la demi-lune (6-7); mais la dureté des parties de maçonnerie encore debout n'avait pas permis, à la fin de la journée, de pénétrer de plus d'un mètre à travers ces ruines.

A l'extrémité de gauche des attaques, la place d'armes, ouverte dans la 7ᵉ nuit, fut élargie, et l'on continua la communication avec l'enclos de la villa Corsini.

Les embrasures de la batterie n° 5 ne purent être complétement faites pendant la nuit. Il avait fallu enlever une à une, du massif du parapet de la tranchée primitive, un grand nombre de fascines, qu'on y avait entassées et mêlées aux terres pour réparer les dégradations causées par les pluies. Cette opération rendit long et difficile le travail de dégorgement de ces embrasures, qui ne furent achevées que plus tard et qui, du reste, péchèrent toujours par le vice de leur première construction. On établit, dans la journée, les plates-formes et le petit magasin à poudre.

A la batterie n° 6, on continua à élever et à épaissir l'épaulement, et l'on commença le travail des plates-formes. Les gabions et les fascines nécessaires pour terminer les revêtements étant arrivés le soir, on put, la nuit suivante, achever cette batterie.

Les batteries nᵒˢ 1 et 2 répondirent au feu de la place; mais la première ne put tirer qu'avec ses deux pièces de 16, l'obusier ayant été mis hors de service, comme on l'a dit plus haut.

Ce même jour, le général de brigade Morris, à la tête de quatre escadrons de cavalerie, poussa une reconnaissance jusqu'à *Frascati*, où la population l'accueillit parfaitement.

A l'heure ordinaire, le général de tranchée fut relevé par le général Levaillant (Jean), ayant sous ses ordres le colonel Marchesan, du 16e léger.

Garde de la tranchée.. { Un bataillon du 36e de ligne.
Un bataillon du 53e de ligne.
Une compagnie du 1er bataillon de chasseurs.

A la droite des attaques, on entreprit à la sape volante, vers la tombée de la nuit, une portion de la 2e parallèle et le grand boyau de communication qui y conduit à partir de la batterie n° 3. Ce travail ne put longtemps être dérobé à l'ennemi, qui l'inquiéta par un feu vif de mousqueterie et de mitraille.

8e NUIT.
(Du 11 au 12 juin.

Le cheminement à travers les décombres de la maison en ruine, dans la demi-lune (6-7), ayant présenté trop de difficultés, on renonça au tracé qui avait été projeté d'abord pour la 2e parallèle, et l'on se borna à contourner extérieurement le pied de la muraille, près du saillant de la demi-lune. La parallèle, faute de travailleurs et de gabions, ne put être poussée, sur la droite, jusqu'à sa jonction avec le grand boyau de communication. La tranchée faite ne dépassa que d'une vingtaine de gabions le chemin qui est presque en capitale du bastion 3. Ce chemin lui-même ne fut pas excavé, les travailleurs, qui trouvaient trop de peine à le couper, s'étant retirés sans ordre. Le jour venu, on éprouva quelque difficulté à faire rentrer les hommes qui étaient à la droite du chemin, et qui, par le fait de cette lacune dans le travail, se trouvaient sans communication avec les tranchées en arrière.

Quant au boyau entrepris en même temps que la parallèle, il fut exécuté en entier, sauf l'étendue de quelques gabions à l'extrémité, que le manque de bras empêcha de remplir.

Enfin, à l'extrême droite, on posa une vingtaine de gabions au cheminement auquel devait se rattacher la 2e parallèle.

Le chef d'escadron d'artillerie Bourdeau prit le service de la tranchée à six heures du soir; il avait sous ses ordres des détachements de six batteries, et 150 travailleurs d'infanterie.

Le général en chef ayant résolu d'adresser une sommation à la place, avant de chercher à ouvrir l'enceinte par l'artillerie, avait décidé que les batteries n°s 3, 4, 5 et 6 ne commenceraient leur feu que le 13 juin. En conséquence, les embrasures de la batterie n° 5, qui avaient été terminées, ne furent point encore dégorgées cette nuit; mais le matériel y fut amené et établi sur les plates-formes.

JOURNÉE DU 12 JUIN. Le matin, une sortie assez nombreuse de la garnison se porta vers la batterie n° 5 et les tranchées faites à sa droite. Les Romains, se glissant intérieurement le long du mur qui forme la face droite de la demi-lune (6-7), arrivèrent jusqu'au saillant et se maintinrent quelque temps dans cette position, où il était impossible de les aborder à la baïonnette. Plusieurs fois, les plus hardis se présentèrent sur l'espèce de brèche formée par la maison démolie, d'où ils dirigèrent une fusillade contre nos gardes et nos travailleurs, tandis que d'autres tiraient par les créneaux bas existant dans la muraille. Les ruines sur lesquelles se montrait l'ennemi étaient de 2 mètres plus hautes que le fond des tranchées attenantes; mais il n'osa pas franchir ce ressaut.

Nos soldats n'avaient point été intimidés par cette attaque subite. Deux compagnies d'élite de la garde de tranchée, habilement dirigées par le colonel du génie Niel, soutinrent énergiquement la lutte, quoiqu'elles ne pussent aborder l'ennemi et en venir directement aux mains avec lui. On se disputait, des deux côtés, les créneaux du mur; et, là où on ne pouvait plus faire usage du fusil, le combat se continuait à coups de pierres. Cet engagement, dont les suites pouvaient être très-fâcheuses pour nous, puisque la batterie n° 5 avait reçu son armement dans la nuit, finit par être tout à notre avantage. Les Romains se retirèrent précipitamment, et, dans leur retraite, ils eurent à essuyer le feu de mousqueterie des tranchées. Ils laissèrent sur le terrain un grand nombre de morts. On ramassa, autour des ruines, une quinzaine de fusils.

Le résultat de cette tentative contribua beaucoup à dégoûter nos ennemis de faire des sorties[1].

Les pertes des vingt-quatre heures furent de 7 tués et 25 blessés.

A neuf heures du matin, le lieutenant-colonel du génie Leblanc monta la tranchée. Il avait sous ses ordres trois brigades de sapeurs formant un total de 84 hommes, et 570 travailleurs d'infanterie.

Au centre, on élargit la tranchée à droite de la batterie n° 5; on fit des gradins et des créneaux en sacs à terre dans les ruines de la maison démolie, pour avoir des vues à l'intérieur de la demi-lune (6-7), particulièrement le long du mur de la face droite. La portion de la 2ᵉ parallèle, qui part du saillant de cette demi-lune et se dirige vers la droite, fut mise à largeur. La batterie n° 4 était masquée par un mur; on employa un détachement de travailleurs à démolir ce mur, et à scier quelques arbres qui pouvaient gêner le tir. Cette opération eut un plein succès.

Vers la gauche, on augmenta un peu la largeur et la profondeur de la place d'armes ouverte la 7ᵉ nuit; on y fit des gradins pour la fusillade et le franchissement, et l'on établit deux traverses.

A la droite, un bout de tranchée, entrepris la nuit précédente, fut achevé.

Après la sortie dont on a parlé plus haut, l'artillerie de la place se mit à tirer sur la batterie n° 4, que le bastion 6 battait de front, tandis que le bastion 7 la prenait d'écharpe. Le capitaine Rochebouët demanda l'autorisation de répondre. Malgré le désir qu'avait

---

[1] Voir, pour le compte rendu de cette sortie, l'extrait de la lettre adressée par le général commandant le génie au ministre, pièce annexe n° 20.

le général en chef de différer encore l'ouverture du feu des quatre nouvelles batteries, comme il fallait avant tout ne pas laisser détruire celle que l'artillerie ennemie attaquait si vivement, le commandant de cette batterie reçut ordre de tirer, mais d'arrêter son feu dès que la place aurait cessé le sien. A une heure, la batterie n° 4 commença donc à riposter : après son quatorzième coup, vers deux heures, elle avait fait taire l'artillerie des remparts.

La batterie de mortiers n° 3 s'étant également trouvée inquiétée par le canon de la place, le capitaine Canu, qui la commandait, fut autorisé, de son côté, à ouvrir le feu. Une trentaine de bombes furent jetées dans les bastions 6 et 7.

Le général Chadeysson prit, à quatre heures du soir, le commandement de la tranchée. Le colonel de Lamarre, du 13° léger, lui fut adjoint.

Garde de la tranchée..
{
Un bataillon du 22° léger.
Un bataillon du 32° de ligne.
Une compagnie du 1ᵉʳ bataillon de chasseurs.
}

9ᵉ NUIT.
(Du 12 au 13 juin.)

On termina, à la sape volante, la droite de la 2ᵉ parallèle, et l'on fit un bout de sape double de 10 mètres environ de longueur, pour en raccorder le tracé avec la tranchée qui avait été faite la veille à l'extrême droite.

Le chef d'escadron d'artillerie Devaux prit le service à six heures, ayant sous ses ordres des détachements de six batteries et 150 travailleurs d'infanterie.

Les pièces de la batterie n° 6 furent amenées au moyen d'un passage pratiqué à travers la 1ʳᵉ parallèle, près de San-Pancrazio. On referma immédiatement cette coupure.

Les pertes des vingt-quatre heures furent de 1 officier et 11 soldats blessés.

SIÉGE DE ROME. 73

Chef d'attaque : le chef de bataillon du génie Galbaud-Dufort. JOURNÉE DU 13 JUIN.

Nombre de travailleurs.... { 3 brigades de sapeurs..... 90
Infanterie............. 300

Un autre détachement de 300 travailleurs d'infanterie fut laissé en réserve au dépôt de tranchée.

A l'extrémité du boyau qui est à gauche de la batterie n° 5, et à peu près perpendiculairement à la direction de ce boyau, on commença une rampe pour descendre au pied du ressaut que présente le terrain en cet endroit. On continua à élargir les tranchées précédemment exécutées, notamment la 2ᵉ parallèle où l'on fit des gradins de revers et des banquettes pour la fusillade. On travailla aussi à percer le mur de la face droite de la demi-lune (6-7), pour pénétrer dans l'angle saillant de cet ouvrage.

Enfin, la sape double à l'extrême droite de la 2ᵉ parallèle fut achevée.

Les batteries ennemies s'étaient mises à tirer dès cinq heures et demie du matin. Les nôtres ripostèrent, mais par quelques coups seulement. L'ordre de cesser le feu leur fut donné par le général en chef, qui attendait la réponse à une sommation qu'il avait fait porter dans Rome.

Dans la matinée, l'officier qui avait été envoyé en parlementaire revint au camp, annonçant que cet appel fait à la conciliation n'avait point été entendu, et que le Gouvernement romain repoussait toute proposition [1].

L'ordre fut alors porté à l'artillerie d'ouvrir le feu sur tout le développement des attaques.

Aussitôt, toutes nos batteries commencèrent à tirer en même temps. Au bout de quelques heures, les embrasures et la ligne des créneaux en sacs à terre qui couronnait le haut des escarpes furent abandonnées en grande partie par l'ennemi; et les feux de

[1] Voir la pièce n° 21.

la place, très-vifs d'abord, devinrent de plus en plus rares. Avant la fin du jour, la partie supérieure de l'escarpe des faces des bastions 6 et 7 était écrêtée et en grand désordre.

Dans cet engagement, le coffre de la batterie n° 5 eut beaucoup à souffrir du feu de l'ennemi : trois embrasures avaient même été comblées successivement. Le revêtement des joues n'avait pu, il est vrai, être établi assez solidement, à cause de certaines difficultés de construction signalées plus haut ; la terre des merlons s'éboulait par la commotion résultant du tir des pièces, ce qui contribuait à déformer ces embrasures.

Les autres batteries furent beaucoup moins endommagées[1].

L'artillerie avait en batterie, ce jour-là, treize canons (huit de 24 et cinq de 16), quatre obusiers de 22 centimètres et quatre mortiers de 22 centimètres; en tout, vingt et une bouches à feu. Quelques pièces, débarquées le 9, avaient été immédiatement utilisées, ce qui avait dispensé de désarmer complétement les batteries n°s 1 et 2, comme il eût été nécessaire de le faire, si ce petit renfort de matériel n'était pas arrivé[2].

L'ennemi se vit enlever, dans cette même journée du 13, une ressource précieuse. La fonderie de la petite ville de *Porto-d'Anzio*, située sur la côte entre *Fiumicino* et *Terracine*, fournissait aux Romains leur principal approvisionnement en projectiles. Un détachement du 66° de ligne fut transporté sur les lieux par la fré-

---

[1] Dans la batterie n° 6, la flèche d'un affût d'obusier de 22 centimètres se brisa vers le logement de la vis de pointage, le tir ayant lieu à la charge de 2 kilogrammes. Quelques fentes s'étant manifestées à la flèche du second obusier et à la queue du flasque, près des rondelles d'assemblage, on réduisit immédiatement la charge à 1 kilogr. 50 cent., puis à un kilogramme seulement, et on ralentit beaucoup le tir de cet obusier.

[2] La batterie n° 1 avait dû céder, faute d'autres ressources, une de ses pièces de 16 à la batterie n° 5; il lui resta une pièce de 16 et un obusier de 22 centimètres, égueulé par le choc d'un boulet et qui ne put plus faire un bon service.

La batterie n° 2 avait dû fournir aussi un obusier de 22 centimètres à cette même batterie n° 5; il ne lui resta plus que deux pièces de 24.

gate à vapeur *le Magellan*. Ce détachement, sous les ordres du capitaine d'état-major Castelnau, et les matelots de la frégate détruisirent les établissements de la fonderie, d'où l'on rapporta 800 projectiles de diverses natures, 3,000 kilogrammes de mitraille et une pièce de canon. Trois pièces avaient été enclouées sur place.

Le général Levaillant (Charles), ayant sous ses ordres le colonel Bosc, du 32ᵉ de ligne, releva à quatre heures le général de tranchée.

Garde de la tranchée.. { Un bataillon du 36ᵉ de ligne.
{ Un bataillon du 53ᵉ de ligne.
{ Une compagnie du 1ᵉʳ bataillon de chasseurs.

Le chef d'attaque n'employa pour la nuit que 300 travailleurs d'infanterie : ce nombre lui parut suffisant pour les travaux à entreprendre. Le surplus des hommes disponibles fut laissé, comme le matin, en réserve au dépôt de tranchée.

10ᵉ NUIT.
(Du 13 au 14 juin.)

Cet officier supérieur, accompagné du capitaine de Jouslard, était allé reconnaître, à la tombée du jour, le terrain en avant de la 2ᵉ parallèle, pour y arrêter le tracé des tranchées à exécuter dans la nuit à la sape volante.

A dix heures, on déboucha de la parallèle tout près et à droite du chemin qui va, du bastion 6, à la *maison des six volets verts*, et l'on fit un cheminement composé de deux boyaux, dont le second, destiné à devenir une partie de la 3ᵉ parallèle, aboutit à un petit bassin en maçonnerie à 50 mètres environ du saillant du bastion 6. L'opération s'accomplit sans qu'un seul coup de fusil fût tiré de la place.

Dans l'angle saillant de la demi-lune (6-7), on construisit un logement en forme de *nid de pie*, s'appuyant aux deux murs des faces, et de 25 à 30 mètres de longueur.

Au commencement de la nuit, un obus était tombé et avait éclaté dans la tranchée près de la batterie n° 5; neuf hommes furent atteints, l'un fut tué, et deux blessés assez grièvement; les autres ne reçurent que des contusions. Au nombre de ces derniers se trouvait le capitaine du génie Puiggari.

Le service de l'artillerie, à la tranchée, fut pris à six heures du soir par le chef d'escadron Soleille, qui eut sous ses ordres des détachements de six batteries et 150 travailleurs d'infanterie.

La nuit fut employée, par l'artillerie, à remanier complétement le coffre de la batterie n° 5 et à en refaire les embrasures. L'ennemi, heureusement, n'inquiéta pas ce travail difficile, ayant sans doute à exécuter lui-même quelques réparations et à disposer ses moyens défensifs.

La batterie n° 6, qui, pendant le jour, avait eu à souffrir d'un feu d'artillerie assez vif partant du rempart de la porte San-Pancrazio, épaissit ses traverses et remédia aux dégradations de ses embrasures.

Quant à la batterie n° 4, elle ne tira pas, de peur de porter le trouble parmi les travailleurs occupés aux tranchées que le génie faisait exécuter en avant.

La batterie de mortiers jeta moyennement, durant toute la nuit, quatre bombes par heure dans les bastions 6 et 7, afin d'arrêter ou de ralentir autant que possible les travaux des défenseurs.

Les pertes des vingt-quatre heures s'élevèrent à 9 tués et 33 blessés.

JOURNÉE DU 14 JUIN. *Chef d'attaque :* le chef de bataillon du génie Frossard, ayant sous ses ordres trois brigades de sapeurs et 500 travailleurs d'infanterie.

Dès la pointe du jour, on s'était mis à élargir et à perfectionner les deux boyaux ouverts, la nuit précédente, devant le bastion 6.

Du bassin en maçonnerie où aboutissait le second boyau, on déboucha à la sape pleine pour continuer la 3ᵉ parallèle, en marchant vers la demi-lune (6-7). Une vingtaine de gabions seulement furent placés dans cette direction. En arrière de ces tranchées, on compléta toute la partie de la 2ᵉ parallèle qui les protégeait; on y fit des banquettes pour la fusillade, ainsi que des créneaux en sacs à terre.

On établit également des gradins de fusillade dans le *nid de pie* du saillant de la demi-lune, et l'on déboucha de son extrémité droite, à la sape pleine, pour commencer le boyau suivant, qui ne fut qu'amorcé.

Sur la gauche de la batterie n° 5, on continua le retour en rampe, commencé la veille à l'extrémité du boyau; mais ce travail, eu égard aux formes du terrain, ne donna pas un résultat avantageux, et il fut abandonné.

Le matin, on s'était aperçu que l'épaulement de la face gauche du bastion 7, démoli la veille par notre artillerie, avait été refait en sacs à terre et couronné de créneaux. Cette face ouvrit bientôt un feu de mousqueterie très-nourri contre la batterie n° 5, qui se mit en devoir de ruiner de nouveau toutes ces défenses, et qui dut même tirer à mitraille pour débusquer les fusiliers ennemis. Toutefois, ce feu de mousqueterie ne put être complétement éteint. Les défenseurs se logeaient, avec une grande résolution, derrière le moindre abri pour tirer à nos embrasures; on en voyait quelques-uns se poster jusque sur la brèche que la batterie n° 6 faisait derrière eux, à la face droite.

On avait dirigé, contre le flanc gauche du bastion 8, la pièce extrême de notre batterie n° 5, pour contre-battre les embrasures percées dans l'escarpe de ce flanc, d'où l'on supposait venir les coups d'écharpe qui, pendant toute la journée précédente, avaient inquiété vivement cette batterie et la batterie de mortiers. Mais, dès le matin et avant que les embrasures du flanc eussent tiré, les mêmes coups d'écharpe sillonnèrent de nouveau ce terrain. Il fut évident, dès lors, que ces coups partaient d'un ouvrage intérieur très-rapproché de la porte San-Pancrazio.

Un des obus tirés par ces pièces cachées faillit causer un accident grave dans la batterie n° 5. Il tomba au milieu de l'approvisionnement de ses obus; un de ceux-ci fit explosion, mais heureusement le feu ne se communiqua point aux autres projectiles chargés, et l'on n'eut à regretter que la perte d'un sous-officier atteint gravement d'un éclat.

La batterie n° 4 dut recommencer son feu contre le bastion 6, où l'ennemi avait réparé, avec des monceaux de sacs à terre, les parties démolies la veille. Après avoir bouleversé de nouveau le couronnement du parapet, elle tira en brèche, à 2 mètres au-dessous du cordon de l'escarpe. Ce tir ayant réussi à produire quelques éboulements, on essaya de couper la muraille à 3 mètres plus bas; mais on avait affaire à une maçonnerie fort dure, cimentée par un excellent mortier de pouzzolane, et le résultat ne répondit pas suffisamment bien aux efforts.

Pour seconder le tir de cette batterie n° 4 contre les défenses du bastion 6, la batterie n° 1 avait repris son feu dès le matin.

La batterie n° 2 elle-même recommença la lutte avec l'artillerie de la rive gauche, bien qu'elle n'eût plus qu'une pièce de 24 à opposer aux trois batteries du Testaccio, de Saint-Alexis et de Saint-Saba.

Enfin notre batterie n° 6, qui déjà la veille avait obtenu du succès contre la face droite du bastion 7, et dont les pièces de 24 avaient un tir bien réglé, se remit à attaquer cette face, dans laquelle elle produisit des dégradations assez considérables pour qu'on eût chance d'ouvrir la place sur ce point, quoique le but principal fût de chercher à désorganiser les défenses du bastion[1].

[1] Dans la batterie n° 6, la flèche de l'obusier de 22 centimètres, qui avait été brisée le jour précédent et réparée au moyen de fortes ferrures, se rompit de nou-

A quatre heures du soir, le général Morris prit le commandement de la tranchée. Il avait sous ses ordres le colonel Ripert, du 25ᵉ léger.

Garde de la tranchée.. { Un bataillon du 66ᵉ de ligne.
Un bataillon du 68ᵉ de ligne.
Une compagnie du 1ᵉʳ bataillon de chasseurs.

Dans la nuit, on exécuta, à la sape volante et jusqu'au mur de la demi-lune (6-7), la portion de la 3ᵉ parallèle qui avait été commencée à la sape pleine sur la droite.

11ᵉ nuit.
(Du 14 au 15 juin.)

Dans la demi-lune, on fit également à la sape volante deux boyaux en avant du *nid de pie* du saillant. Le second de ces boyaux devait venir aboutir contre le mur de la face gauche, au point même où arrivait la portion de 3ᵉ parallèle dont il vient d'être question ; mais des difficultés de tracé et des interruptions fréquentes de travail, résultant d'une fusillade continue dirigée sur les travailleurs, firent infléchir un peu la direction de ce boyau, qui aboutit à 6 ou 7 mètres en arrière du point fixé. La rectification de son tracé, dans sa partie de droite, fut entreprise au jour, à la sape pleine.

A la gauche des attaques, on entoura d'une tranchée, sur trois

veau après quelques coups tirés à la charge d'un kilogramme. A partir de ce moment, on n'employa presque plus le second obusier de 22 centimètres qui restait encore, et dont l'affût avait déjà souffert. On craignit que le tir n'achevât de briser aussi la flèche et ne privât l'équipage de siége d'un affût qui aurait été bien plus utilement employé comme rechange pour une pièce de 24.

D'ailleurs, les fusées d'obus éclataient presque toutes avant l'arrivée du projectile à son but. Cette mauvaise qualité des fusées et la fragilité des affûts rendirent presque inutiles, pendant le siége de Rome, les obusiers de 22 centimètres.

Le vice de confection des fusées n'affectait pas seulement le tir de ces obusiers : les mortiers, aussi, perdirent une assez grande quantité de leurs projectiles, qui éclataient quelquefois sur la tête de nos travailleurs, ce qui forçait, soit à cesser le feu, soit à changer la direction du tir.

Ces fusées provenaient, en partie de l'arsenal d'Antibes, en partie de la marine.

de ses côtés, la maison Corsini. On forma ainsi une sorte de redoute, dont la face antérieure fut convertie plus tard en batterie.

Le chef d'escadron Bourdeau prit le service de l'artillerie, à la tranchée, à six heures du soir, ayant sous ses ordres des détachements de six batteries et 200 travailleurs d'infanterie.

Notre artillerie tira peu pendant la nuit; les batteries n°s 3 et 4 craignirent d'inquiéter les travailleurs des cheminements qui s'exécutaient en avant.

Les pertes des vingt-quatre heures furent de 1 tué et 7 blessés.

JOURNÉE DU 15 JUIN. *Chef d'attaque :* Le lieutenant-colonel du génie Leblanc, qui avait sous ses ordres le capitaine Doutrelaine, trois brigades de sapeurs et 500 travailleurs d'infanterie.

La journée fut employée à élargir et à perfectionner les cheminements de la nuit précédente, à percer le mur de la face gauche de la demi-lune, et à s'approvisionner de gabions et de fascines.

La batterie n° 1 jeta quelques obus dans le bastion 6. La batterie n° 2 n'eut pas à riposter à celles de la rive gauche du Tibre.

Nos mortiers tirèrent toute la journée sur les bastions 6 et 8, et principalement sur ce dernier, en arrière duquel on voyait un bâtiment (la villa Savorelli) surmonté de paratonnerres, ce qui faisait présumer que des approvisionnements de poudre y étaient déposés.

La batterie n° 4 dirigea également son feu contre le bastion 6, mais lentement. La chaleur était très-forte; les pièces devenaient brûlantes. On fut obligé de modérer beaucoup le tir[1].

La batterie n° 6, de son côté, continua de battre la face droite du bastion 7. La maçonnerie de cette face s'écroula en partie, sur une étendue d'environ 10 mètres, à partir du saillant et jusqu'à

---

[1] Un thermomètre centigrade, suspendu à la façade de San-Carlo tournée en plein nord, atteignait depuis plusieurs jours 36°.

3 mètres au-dessus du pied de l'escarpe; mais les terres se tinrent à pic derrière, au lieu de s'ébouler après la chute du revêtement.

L'ennemi tenta, ce jour-là, une attaque contre le ponte Molle, que nous occupions depuis le 3 juin. Il la fit soutenir par plusieurs pièces d'artillerie, lesquelles prirent position sur les hauteurs des *Monti-Parioli,* qui dominent la rive gauche du fleuve en amont du pont. Le général de division Guesviller se porta sur les lieux, en toute hâte, avec les premières troupes de la brigade Sauvan qui se trouvèrent sous sa main (le 2e bataillon du 13e léger); il marcha rapidement à la rencontre de l'ennemi, qu'il fit charger à la baïonnette par quatre compagnies, et qu'il refoula jusque sur ses pièces. 6 officiers et 40 sous-officiers ou soldats de l'armée romaine furent faits prisonniers. Il resta près de 100 morts sur le lieu du combat.

A quatre heures du soir, le général Levaillant (Jean) prit le commandement de la tranchée. Le colonel de Leyritz, du 68e de ligne, lui fut adjoint.

Garde de la tranchée.. { Un bataillon du 32e de ligne. Un bataillon du 53e de ligne. Une compagnie du 1er bataillon de chasseurs.

12e NUIT.
(Du 15 au 16 juin.)

A la droite de la batterie n° 5 on pratiqua, à la sape volante, un boyau de près de 60 mètres de longueur, partant de la maison en ruine de la demi-lune. On l'arrêta devant la première embrasure de la batterie, afin de ne pas masquer le tir des pièces. Dans la demi-lune on exécuta, également à la sape volante, la portion de la 3e parallèle allant d'un mur de face à l'autre, sur une longueur d'environ 100 mètres. Vers les neuf heures du soir, la place dirigea sur ce point une assez vive fusillade; mais les balles passaient à 3 ou 4 mètres au-dessus de la tête des travailleurs, qui, après quelques moments d'hésitation et maintenus énergiquement par le capitaine du génie Darceau, reprirent, tous, le travail. Plusieurs obus et quelques fusées furent aussi lancés dans la demi-lune. A dix heures et demie, tout était redevenu calme.

A partir du saillant de la demi-lune et devant sa face gauche, on ouvrit un boyau de communication entre la 2ᵉ et la 3ᵉ parallèle. Au point du jour, cette tranchée était à profondeur; mais on dut en retirer les travailleurs, parce que, sa direction rasant de très-près le saillant du bastion 6, on n'y était pas suffisamment défilé, inconvénient peu grave d'ailleurs dans ce cas particulier, car la communication dont il s'agit devait principalement servir à l'artillerie, pour armer de nuit la batterie de brèche à établir, de ce côté, dans la 3ᵉ parallèle. Cette communication fut terminée la nuit suivante.

Sur la gauche des attaques, on construisit une traverse dans la partie *sud* de la tranchée, en forme de redoute, qui enveloppait la villa Corsini.

A six heures du soir, le chef d'escadron d'artillerie Devaux prit le service de la tranchée, ayant sous ses ordres des détachements de six batteries et 200 travailleurs d'infanterie.

La batterie n° 3 employa toute la nuit à refaire ses plates-formes, fatiguées par le tir des jours précédents.

Pendant cette nuit, le général de division Guesviller fit couronner les hauteurs des Monti-Parioli, où avait pris position l'artillerie romaine durant l'attaque qu'il avait repoussée le matin même. Il espérait s'emparer de cette artillerie; mais déjà les hauteurs avaient été évacuées, et nos troupes arrivèrent, sans rencontrer de résistance, jusque sous les murs de la villa Borghèse, où existait une ligne de retranchements romains. Le général, qui n'avait pas pour but d'essayer de franchir ces obstacles de vive force, fit replier ses troupes; et, après s'être maintenu toute la journée suivante sur les plateaux précédemment occupés par l'ennemi, où il ne fut inquiété que par quelques coups de canon, il rentra dans son camp de ponte Molle.

Nos pertes des vingt-quatre heures furent de 2 tués et 10 blessés dont un officier.

Chef d'attaque : Le chef de bataillon du génie Goury, ayant sous ses ordres le capitaine Ragon, trois brigades de sapeurs et 447 travailleurs d'infanterie. <small>JOURNÉE DU 16 JUIN.</small>

Au centre des attaques, on perfectionna plusieurs des tranchées entreprises pendant la nuit; et l'on amorça, à la sape pleine, deux boyaux devant la face droite de la demi-lune, comme continuation du cheminement en avant de la batterie n° 5.

Dans cette journée, notre batterie n° 1 ne tira que 24 coups. Le saillant du bastion 6, attaqué à la fois par cette batterie et par la batterie n° 4, n'était plus tenable et ne pouvait plus être réparé.

La batterie n° 2 ne tira pas; l'ennemi semblait avoir retiré ses pièces de Saint-Alexis et de Saint-Saba.

La batterie n° 5 continua son feu, mais avec plus de lenteur, parce que le tir était gêné par la présence des travailleurs dans les tranchées en avant. Toutefois, la partie supérieure de l'escarpe de la face gauche du bastion 7 fut complétement ruinée et désemparée dans le courant du jour; et, à partir de ce moment, le feu de mousqueterie cessa entièrement sur cette face.

Quant à la batterie n° 6, elle continua à démolir la face droite du bastion 7. Le tir des deux pièces de 24 qui restaient seules à cette batterie, par suite du parti que l'on avait pris de ne plus employer les obusiers de 22 centimètres, fut toujours très-remarquable par sa justesse et son efficacité. Ce tir cependant dut être modéré, à cause de l'extrême ardeur du soleil, qui concourait à échauffer beaucoup les pièces.

Vers midi, la place avait démasqué un obusier sur le flanc droit du bastion 5; mais cet obusier, qui, par sa position, aurait très-certainement inquiété la batterie n° 4, ne put tirer que quatre ou cinq coups. Des chasseurs à pied, embusqués dans la 3ᵉ parallèle, ayant fait un feu nourri contre l'embrasure, l'ennemi fut obligé, au bout d'un quart d'heure, de la fermer avec des sacs à terre.

Établissement des batteries de brèche n⁰ˢ 7, 8, 9.

On voit, d'après ce qui a été dit précédemment, que nos batteries désignées sous les n⁰ˢ 4, 5, 6, avaient produit tout l'effet qu'on en pouvait attendre. Les défenses des deux bastions attaqués se trouvaient bouleversées sur les faces contre-battues; leur escarpe même, dans sa moitié supérieure, était déjà ruinée en partie. Mais les batteries n⁰ˢ 4 et 5 ne voyaient pas le revêtement assez bas pour pouvoir ouvrir des brèches praticables sur ces bastions.

D'un autre côté, la courtine intermédiaire, restée presque intacte, dirigeait sur nos tranchées des feux plongeants de mousqueterie, de plus en plus dangereux à mesure que nous avancions; nous n'avions pu jusqu'alors faire taire cette courtine, dont l'escarpe était couronnée, sur toute son étendue, de créneaux en sacs à terre, et dont les défenseurs changeaient sans cesse de place avec une grande mobilité, au moyen du chemin de ronde en charpente adossé intérieurement au rempart.

Pour éteindre ces feux, il fallait renverser par le canon tout le couronnement de l'escarpe. Des points où nous avaient conduits nos cheminements, on découvrait bien le pied des revêtements, et l'on n'en était d'ailleurs éloigné que de 60 mètres au plus. Tout concourait donc à faire adopter ces emplacements pour y établir les batteries de brèche, dont la construction était devenue urgente, comme on vient de le dire.

Il fut décidé, conformément à l'avis des généraux de l'artillerie et du génie, qu'on en ferait trois, une contre chaque face du front d'attaque et la troisième contre la courtine. Cette dernière fut regardée comme aussi indispensable que les deux autres. On devait, en effet, prévoir le cas où les bastions 6 et 7 seraient retranchés à la gorge; et, la garnison étant très-nombreuse, il convenait de se préparer les moyens de jeter, au besoin, de fortes colonnes

SIÉGE DE ROME.

d'assaut dans la place. Il ne pouvait y avoir qu'avantage, en tout état de cause, à ouvrir l'enceinte sur trois points à la fois.

Indépendamment des trois batteries destinées à faire brèche au front (6-7), le moment était venu de construire, sur le plateau de la villa Corsini, la batterie dont l'utilité avait été reconnue depuis longtemps déjà, ainsi qu'il a été dit ci-dessus, pour contre-battre directement le front de la porte San-Pancrazio. Nous pouvions nous convaincre que l'ennemi concentrait ses moyens de défense intérieure en arrière de cette porte : du dehors, et principalement des hauteurs occupées par nous sur la rive gauche du Tibre, au nord de l'église de San-Paolo, nous voyions les défenseurs disposer du canon le long de l'enceinte Aurélienne et sur le contre-fort de San-Pietro-in-Montorio. Il était donc temps que notre action se fît sentir aussi sur ce point. On arrêta que l'on ferait sans retard ladite batterie, qui fut désignée par le n° 10, et qu'on lui donnerait un armement aussi puissant que le permettraient nos ressources, encore bien restreintes, en artillerie.

Établissement de la batterie n° 10.

Le général Chadeysson releva, à l'heure ordinaire, le général de tranchée. L'officier supérieur de jour fut le colonel d'Autemarre, du 53ᵉ de ligne.

Garde de la tranchée..
- Un bataillon du 22ᵉ léger.
- Un bataillon du 36ᵉ de ligne.
- Une compagnie du 1ᵉʳ bataillon de chasseurs.

En avant de la maison Corsini, on avait commencé dans la journée, et nonobstant un feu vif de l'artillerie de la place, l'élargissement de la tranchée qui devait recevoir la batterie n° 10 dont il vient d'être question. Ce travail fut continué pendant la nuit.

Au centre, on exécuta à la sape volante une portion de la 3ᵉ parallèle, devant la face gauche du bastion 7 et sur une étendue d'environ 60 mètres. On fit aussi un boyau de communication en arrière.

13ᵉ NUIT. (Du 16 au 17 juin.)

Pour faciliter l'armement des batteries de brèche à construire, on pratiqua, à partir du saillant de la demi-lune, une communication reliant la 2ᵉ parallèle aux tranchées faites dans la quatrième nuit. On termina enfin quelques parties de la 3ᵉ parallèle, qui étaient restées incomplètes.

Le chef d'escadron d'artillerie Soleille prit, à six heures du soir, le service de la tranchée. Il avait sous ses ordres des détachements de 5 batteries différentes et 200 travailleurs d'infanterie.

Batterie n° 7.

La batterie de brèche à établir contre la courtine, en conséquence des dispositions arrêtées, fut placée dans la partie de la 3ᵉ parallèle qui traverse la demi-lune, à 80 mètres à peu près de l'escarpe. On la désigna sous le n° 7. Sa construction et son service furent confiés à la 6ᵉ batterie du 7ᵉ régiment (capitaine Canu).

Commencée à l'entrée de la nuit, elle avait son revêtement entièrement terminé au jour; mais il restait à faire des mouvements de terre assez considérables, pour porter à 8 mètres l'élargissement de la parallèle et pour former les traverses qui devaient couvrir la batterie contre les coups venant, d'une part, des batteries de la rive gauche du Tibre et, d'autre part, du bastion 8. On avait été obligé de démolir la batterie n° 2 pour se procurer les fascinages et les bois de plates-formes dont on avait besoin. Cette batterie de brèche ayant aussi pour objet d'éteindre les feux de mousqueterie de la courtine en la contre-battant directement, son armement fut fixé à trois pièces de 16 et un obusier de 22 centimètres. L'obusier était jugé nécessaire pour bouleverser les créneaux en sacs à terre qui couronnaient l'escarpe et pour fouiller le terrain en arrière de la courtine.

Batterie n° 8.

La batterie destinée à ouvrir la face droite du bastion 6 prit le n° 8 et fut établie dans la 3ᵉ parallèle à environ 60ᵐ de cette face; on en chargea la 16ᵉ batterie du 3ᵉ régiment (capitaine Gachot). Entreprise dans la nuit, elle se trouva couverte, au jour, par son épaulement et ses traverses; mais l'insuffisance des fascinages retarda l'exécution du revêtement intérieur. L'armement de cette batterie fut fixé à deux pièces de 24 et deux pièces de 16; c'était celui de la batterie n° 4, qui désormais devenait inutile, et qui était à portée.

Quant à la batterie à élever pour faire brèche à la face gauche du bastion 7, on résolut de la placer dans la partie de la 3ᵉ parallèle qui venait d'être exécutée, à un peu moins de 60 mètres de la face qu'elle devait battre. Mais la tranchée, n'étant pas encore assez avancée dans son travail, ne put être livrée immédiatement à l'artillerie, et la batterie en question ne fut commencée que la nuit suivante. La 12ᵉ batterie du 5ᵉ régiment (capitaine Rochebouët) fut désignée pour la construire et la servir; et elle dut recevoir, de la batterie n° 5, son armement, composé de deux pièces de 24 et de deux de 16. On l'appela batterie n° 9.

Batterie n° 9.

Les pertes des vingt-quatre heures furent de 2 tués et 6 blessés dont un officier.

Chef d'attaque : Le chef de bataillon du génie Galbaud-Dufort, ayant sous ses ordres le capitaine Veilhan, 3 brigades de sapeurs et 490 travailleurs d'infanterie.

JOURNÉE DU 17 JUIN.

A la redoute qui entourait la maison Corsini, on acheva d'élargir l'emplacement destiné à la batterie projetée n° 10.

Au centre, on élargit également et l'on approfondit la portion de la 3ᵉ parallèle devant la face gauche du bastion 7, et le boyau en arrière. On apporta quelques perfectionnements aux travaux antérieurs, particulièrement aux communications qui devaient servir à l'artillerie pour l'armement des trois batteries de brèche.

Enfin, pour suppléer à l'insuffisance des approvisionnements, on enleva des gabions et des fascines aux parapets des premières tranchées, partout où ces parapets pouvaient être affaiblis sans grand inconvénient.

Une tête de sape pleine, organisée dès le matin pour continuer la 3ᵉ parallèle sur sa gauche, marcha sans interruption jusque vers trois heures après midi. Le gabion farci ayant alors été arrêté par un arbre, cette sape dut faire halte. On n'aurait pu continuer le travail sans faire sortir des sapeurs de la tranchée et, par conséquent, sans les exposer au feu soutenu et bien dirigé du flanc gauche du bastion 8.

L'artillerie travailla à l'élargissement de la batterie de brèche n° 7 et en établit les plates-formes. Dans la batterie de brèche n° 8, on continua la construction des plates-formes et du revêtement intérieur. Les fascinages et les madriers nécessaires furent tirés de la batterie n° 1, qu'on fut obligé de démolir à cet effet[1].

A l'extrême gauche, notre batterie n° 6 continua son feu contre le bastion 7, et ce tir agrandit encore la brèche qui commençait à se former sur la face droite. Comme cette batterie était la seule qui tirât en ce moment, la place concentra sur elle la plus grande partie de ses feux.

A quatre heures, le général de tranchée fut relevé par le général Levaillant (Charles). Le colonel Blanchard, du 36ᵉ de ligne, lui fut adjoint.

Garde de la tranchée..
- Un bataillon du 32ᵉ de ligne.
- Un bataillon du 53ᵉ de ligne.
- Une compagnie du 1ᵉʳ bataillon de chasseurs.

---

[1] Le directeur du parc avait cherché à suppléer, par l'emploi de sarments de vigne, aux autres bois pliants qui manquaient; mais les gabions faits avec ces sarments n'avaient pas, à beaucoup près, la solidité des anciens, et les commandants de batteries préférèrent démolir les premières batteries pour en extraire et en utiliser les gabions.

SIÉGE DE ROME.

14ᵉ NUIT.
(Du 17 au 18 juin.)

Au centre des attaques, on exécuta à la sape volante : 1° la continuation de la 3ᵉ parallèle jusqu'au chemin qui court parallèlement à la face droite du bastion 7, chemin au-dessous duquel est un ressaut de terrain très-prononcé; 2° un boyau de communication pour rattacher cette partie de la parallèle avec les tranchées en arrière, en passant devant la batterie n° 5.

A six heures du soir, le chef d'escadron Bourdeau prit le service de l'artillerie à la tranchée. Il avait sous ses ordres des détachements de cinq batteries et 300 travailleurs d'infanterie.

A l'entrée de la nuit, la 13ᵉ batterie du 3ᵉ régiment (capitaine Serrand) commença, dans la tranchée suffisamment élargie devant la villa Corsini, la construction de la batterie n° 10, destinée à contre-battre les défenses du front de la porte San-Pancrazio. On fixa son armement à cinq bouches à feu, savoir : deux pièces de 24, deux de 16 et un obusier de 22 centimètres. Une brigade de sapeurs aida les canonniers à préparer le terre-plain et à élever les traverses qui devaient protéger la batterie contre les coups du Vatican ou des fronts voisins. Au jour, le revêtement intérieur était terminé.

Les deux batteries de brèche n°ˢ 7 et 8, entreprises la veille, furent continuées, et l'on commença la batterie n° 9, dirigée contre la face gauche du bastion 7. Là aussi, l'artillerie et le génie travaillèrent en commun. Les gabions et les bois de plates-formes nécessaires avaient été pris dans la batterie n° 4, que l'on démolit.

Les assiégés, pendant cette nuit, tentèrent une sortie par la porte San-Pancrazio. Pour se reconnaître entre eux, ils avaient mis une chemise par-dessus leurs habits. La singularité d'un tel accoutrement frappa beaucoup la population de Rome; mais cette sortie resta pour nous presque inaperçue, attendu que l'ennemi, trouvant nos tranchées bien gardées, se retira en toute hâte.

Nos pertes des vingt-quatre heures furent de 2 tués, un officier et 5 soldats blessés.

JOURNÉE DU 18 JUIN. Quand le jour parut, l'ennemi fit un feu très-vif sur les travaux en cours d'exécution.

A neuf heures du matin, le chef de bataillon du génie Frossard monta la tranchée, ayant sous ses ordres le capitaine Doutrelaine, trois brigades de sapeurs et 500 travailleurs d'infanterie.

Dans la journée, on élargit et l'on garnit de banquettes pour la fusillade la tranchée à gauche de la batterie n° 9. Le boyau de communication en arrière fut également amélioré. On termina les traverses de cette batterie, et on acheva de mettre son terreplain à largeur. Un travail analogue fut fait à la batterie de brèche dirigée contre le bastion 6. De plus, sur la demande de l'artillerie, on compléta la largeur des boyaux que les pièces devaient parcourir, et l'on adoucit les tournants, afin qu'elles pussent être conduites aux batteries de brèche sans sortir des tranchées [1].

L'artillerie fit les plates-formes et le magasin à poudre de la batterie n° 10. Une brigade de sapeurs et 100 travailleurs d'infanterie furent employés, comme auxiliaires, pour continuer les terrassements de cette batterie.

Comme les ouvrages défensifs situés dans le voisinage de la porte San-Pancrazio paraissaient de plus en plus devenir le centre de la résistance, c'était aussi sur ce point que l'attaque devait diriger la plus grande partie des feux dont elle pouvait encore disposer. On se détermina, en conséquence, à transporter deux mortiers de l'ancienne batterie n° 3 dans la batterie n° 5. Les deux

---

[1] Ce sont de semblables dispositions, exécutées toujours avec empressement par le génie, qui ont permis à l'artillerie de transporter aussi rapidement son matériel d'un point sur un autre, et de remédier ainsi à l'insuffisance des premières ressources.

autres restèrent dans leur première position, pour inquiéter l'intérieur des bastions 6 et 7 pendant le travail des batteries de brèche et avant l'assaut.

A quatre heures du soir, le général Morris prit le commandement de la tranchée. Le colonel Chenaux, du 66ᵉ de ligne, lui fut adjoint.

Garde de la tranchée.. { Un bataillon du 36ᵉ de ligne. Un bataillon du 68ᵉ de ligne. Une compagnie du 1ᵉʳ bataillon de chasseurs.

15ᵉ NUIT.
(Du 18 au 19 juin.)

On exécuta, dans l'intérieur de la demi-lune, deux boyaux partant l'un de la gauche, l'autre de la droite de la batterie de brèche n° 7. Ces boyaux avaient pour objet d'assurer une protection à la batterie, tout en continuant la marche du cheminement vers la gorge de la demi-lune. Le premier, celui de gauche, fut dirigé vers un retranchement romain que l'ennemi avait encore occupé toute la journée du 18 et qu'il venait seulement d'abandonner.

Arrivé à ce retranchement, on le retourna contre la place en utilisant son parapet, devant lequel on se borna à creuser un petit fossé, avec un retour de quelques gabions sur la droite. L'ennemi ne tenta pas de réoccuper cet ouvrage.

Quant au boyau partant de l'extrémité de droite de la batterie, il fut poussé jusqu'au mur de la face gauche de la demi-lune.

Le chef d'escadron Devaux prit, à six heures du soir, le service de l'artillerie à la tranchée, ayant sous ses ordres des détachements de cinq batteries et 300 travailleurs d'infanterie.

Pendant toute la nuit, une brigade de sapeurs travailla, de concert avec les canonniers, à la batterie n° 10, qui fut presque terminée au matin; mais l'éloignement du grand parc, d'où venaient les pièces, et un accident arrivé à l'une d'elles dans le trajet furent cause qu'on ne put amener l'armement dans la batterie avant le jour.

Les derniers travaux de construction et d'armement des batteries de brèche n⁰ˢ 7 et 8 furent achevés dans cette même nuit.

A la batterie n° 9, commencée seulement le 17 au soir, c'est-à-dire vingt-quatre heures après les deux autres, on avait dû redoubler d'activité pour ne pas retarder l'ouverture du feu, fixée au 19. Le capitaine Rochebouët fit dégorger ses embrasures en plein jour, dans la matinée. Cette opération, exécutée sous le feu très-rapproché de la mousqueterie de la place, était difficile et dangereuse. Les canonniers chargés du travail revêtirent la cuirasse et le pot-en-tête des sapeurs du génie; puis ils s'avancèrent à la sape dans le massif de l'épaulement, se couvrant contre les balles par des gabions qu'ils poussaient devant eux, et faisant le revêtement des joues au fur et à mesure qu'ils marchaient. Animés par l'exemple de leurs officiers, qui se plaçaient avec eux dans les embrasures, les canonniers accomplirent avec résolution et bonheur cette tâche, qui fut terminée à neuf heures du matin. Les pièces avaient été amenées, dans la nuit, derrière les plates-formes; elles furent mises immédiatement en batterie.

Les pertes des vingt-quatre heures furent de 4 tués et 19 blessés, dont 2 officiers.

JOURNÉE DU 19 JUIN. A l'heure ordinaire, le lieutenant-colonel du génie Leblanc releva le chef d'attaque. Il eut sous ses ordres le capitaine Ragon, trois brigades de sapeurs et 300 travailleurs d'infanterie.

Les travaux du génie consistèrent à perfectionner les tranchées ouvertes la nuit précédente, à y faire des gradins de franchissement et à s'approvisionner de gabions et de fascines.

A neuf heures et demie, le feu des trois batteries n⁰ˢ 7, 8 et 9 commença.

L'ordre était d'abattre le revêtement sur une longueur horizontale de 30 mètres et en le coupant à 3 mètres au-dessus du pied de l'escarpe. Les faces des bastions devaient être ouvertes à environ 30 mètres de l'angle d'épaule, et la courtine en son milieu. La batterie n° 7 tira d'abord à écrêter la courtine dans toute sa longueur, afin d'éteindre les feux de mousqueterie; mais, avant que ce résultat fût obtenu, les balles partant de cette courtine inquiétèrent beaucoup les batteries n°⁵ 7 et 8, où elles entraient par les embrasures, bien que celles-ci fussent munies de portières, ce qui retarda d'une manière sensible le règlement du tir. En outre, le fond des embrasures de ces deux mêmes batteries ne se trouva pas, en général, assez incliné, quand il fallut, en raison de la proximité du but à atteindre, pointer les pièces au-dessous de la section horizontale qu'on voulait pratiquer dans le revêtement. Ces circonstances empêchèrent que, pendant la journée du 19, les tranchées horizontales destinées à couper l'escarpe pussent être terminées.

Toutefois, la batterie n° 9 parvint avec ses pièces de 16, dont l'inclinaison au-dessous de l'horizon n'avait pas besoin d'être aussi grande que celle des pièces de 24, à exécuter régulièrement la partie de la tranchée du mur qu'elles embrassaient dans leur champ de tir. Les deux pièces de 24 de cette batterie durent cesser leur feu vers le milieu de la journée; leurs boulets rencontrant le fond de l'embrasure, étaient relevés, et le tir perdait de sa justesse.

Il fallut attendre la nuit pour modifier les embrasures, en leur donnant plus d'inclinaison.

Les mortiers entretinrent contre la porte San-Pancrazio et contre les bastions 6 et 7 un feu modéré, mais constant.

L'artillerie, dans cette journée du 19, eut un officier blessé (le lieutenant Gouy), un canonnier tué et 4 blessés.

Les trois ponts sur lesquels trois routes différentes traversent l'Anio, à peu de distance de son embouchure dans le Tibre, avaient été rompus par nous une première fois, ainsi qu'on l'a déjà dit. L'ennemi ayant rétabli ces ponts, une colonne, commandée par le lieutenant-colonel Pontevés, du 13ᵉ léger, alla les détruire de nouveau le 19, et s'empara de plusieurs voitures chargées de poudre.

Le général Levaillant (Jean) prit, à quatre heures, le commandement de la tranchée. L'officier supérieur de jour fut le colonel Marchesan, du 16ᵉ léger.

Garde de la tranchée..
- Un bataillon du 53ᵉ de ligne.
- Un bataillon du 66ᵉ de ligne.
- Une compagnie du 1ᵉʳ bataillon de chasseurs.

16ᵉ NUIT.
(Du 19 au 20 juin.)

Sur la gauche de la batterie n° 9, on ouvrit, à la sape volante, un nouveau boyau qui avait pour destination de conduire ultérieurement à la brèche du bastion 7. Ce boyau était pris à revers par la courtine; on l'abandonna quand vint le jour. La nuit suivante, il fut disposé en sape double.

De ce même côté, on prolongea de 70 mètres la 3ᵉ parallèle vers sa gauche. Ce travail, entrepris à la sape volante, rencontra quelque difficulté, à cause d'un ressaut de 3 mètres existant le long du chemin et garni de souches d'arbres. Au jour, on était couvert dans cette tranchée. Immédiatement à la droite de la batterie n° 9, on exécuta aussi un boyau d'une quinzaine de mètres, allant tomber dans le chemin creux qui forme fossé à la face droite de la demi-lune. Un peu en avant existait une tranchée romaine, barrant ce chemin et communiquant avec la demi-lune même : on y fit une coupure, qu'on dut élargir plus tard pour laisser le passage libre à la colonne qui donnerait l'assaut à la brèche de la courtine.

Enfin, à l'extrémité du long boyau qui part de la droite de la batterie n° 7, on entreprit le percement du mur auquel ce boyau s'appuyait, afin de se procurer un débouché pour arriver directement et de tout près à la brèche du bastion 6.

Une brigade de 50 travailleurs fut employée à apporter, dans les places d'armes les plus avancées, tous les gabions neufs ou de démolition qu'on put se procurer.

Le soir, à six heures, le chef d'escadron d'artillerie Soleille monta la tranchée; il avait sous ses ordres des détachements de cinq batteries et 300 travailleurs d'infanterie.

Les batteries n°s 7, 8, 9 employèrent la nuit à modifier et à réparer leurs embrasures que le tir de la journée précédente avait endommagées.

Les pertes des vingt-quatre heures furent de 3 tués et 12 blessés, parmi lesquels 2 officiers.

Chef d'attaque : Le chef de bataillon du génie Goury, ayant sous ses ordres le capitaine Veilhan, trois brigades de sapeurs et 400 travailleurs d'infanterie. <small>JOURNÉE DU 20 JUIN.</small>

On compléta les communications entreprises, dans la nuit, pour déboucher au pied des brèches. La tranchée à gauche de la batterie n° 9 fut élargie et pourvue de banquettes pour la fusillade. On remit en état les tranchées et leurs parapets, sur les points où des gabions avaient été enlevés pour être employés ailleurs.

Au point du jour, les batteries de brèche reprirent leur feu. La batterie n° 9 acheva d'approfondir la tranchée horizontale faite la veille, dans le mur d'escarpe, par les pièces de 16. Les pièces de 24 commencèrent une tranchée nouvelle dans le prolongement de la première, et, en sept heures de feu, elles eurent amené cette section au même état d'avancement que l'autre : les pièces de 16 avaient cependant une avance de dix heures sur les pièces de 24. Vers midi on commença à couper le mur verticalement, et, à trois heures, le revêtement, battu en brèche, tomba presque tout d'une pièce. Toutefois, comme les terres en arrière paraissaient avoir une grande cohésion et se tenaient à pic, après la chute du mur de revêtement, on tira des obus de 22 centimètres, pendant plusieurs heures, sur le massif de ces terres pour les faire ébouler[1]; mais ces obus, dont un grand nombre n'éclataient pas, produisirent peu d'effet. Vers le soir cependant, la brèche du bastion 7 fut jugée à peu près praticable. Quant aux batteries n°ˢ 7 et 8, elles furent encore, pendant toute cette journée, particulièrement inquiétées par la mousqueterie de la place : aussi, les brèches à la courtine et au bastion 6 avancèrent-elles moins rapidement que la brèche du bastion 7. En outre, la maçonnerie semblait présenter, sur ces deux points, plus de résistance. Néanmoins, avant la nuit, la tranchée horizontale du revêtement était presque faite en entier, et les tranchées verticales se trouvaient amorcées.

Ce même jour, à cinq heures du matin, la batterie n° 10 avait commencé à tirer. On vit immédiatement se concentrer sur elle le feu extrêmement vif de neuf pièces de la place et un feu de mousqueterie très-nourri. Dès les premiers coups, une de ses embrasures fut bouleversée par les projectiles de l'ennemi, et l'obusier de 22 centimètres cassa son affût, à la charge d'un kilogramme.

Cette batterie, toutefois, dont le tir fut exécuté avec résolution et justesse, parvint en quelques heures à faire taire les batteries opposées, et à détruire la partie supérieure du bâtiment appelé le Vascello, dont l'ennemi avait fait une sorte d'ouvrage avancé, comme on l'a dit ci-dessus. Un certain nombre des défenseurs furent écrasés sous les ruines.

La batterie n° 10 avait, en outre, dirigé avec succès deux de ses pièces contre la villa Savorelli, située derrière la porte San-Pancrazio. Mais, avant la fin du jour, son épaulement avait été telle-

---

[1] On tira aussi des boulets à faible charge, au 6ᵉ, et même à des charges moindres.

ment tourmenté par les obus, que le feu dut cesser. Il était devenu nécessaire de réparer toutes les embrasures et une partie du revêtement intérieur, bien qu'il eût été établi très-solidement en gabions et saucissons.

Les mortiers dirigèrent leur feu comme les jours précédents.

L'artillerie, dans la journée du 20, eut un officier blessé (le lieutenant Cauvière), un canonnier tué et un blessé.

A l'heure ordinaire, le général Chadeysson prit le commandement de la tranchée. L'officier supérieur de jour fut le colonel Ripert, du 25ᵉ léger.

Garde de la tranchée.. { Un bataillon du 22ᵉ léger.
{ Un bataillon du 32ᵉ de ligne.
{ Une compagnie du 1ᵉʳ bataillon de chasseurs.

17ᵉ NUIT.
(Du 20 au 21 juin.)

La 3ᵉ parallèle fut continuée sur la gauche et poussée jusqu'à 15 à 20 mètres au delà de la maison dite *Vigna Costabili*. En avant de la droite de la batterie n° 9, on fit un crochet, formé de deux bouts de tranchée, pour permettre à la colonne d'assaut de la courtine de déboucher d'un peu plus près.

Sur la gauche des attaques, nous tentâmes d'enlever pendant la nuit une grande maison dite *casa Giacometti*, située à droite et en avant de la villa Corsini, sur le bord du chemin de San-Pancrazio, et qui tenait encore, bien qu'elle fût serrée de près par nos tranchées. Mais les mauvaises dispositions prises pour ce coup de main le firent échouer. Il fut à regretter que le chef d'attaque n'eût pas jugé nécessaire de charger un officier du génie de conduire la compagnie de grenadiers qui reçut mission d'enlever cette maison, et qu'on se fût borné à adjoindre 4 sapeurs à l'infanterie. Le capitaine qui commandait forma deux petites colonnes, qui devaient arriver de deux côtés différents à travers les vignes. L'obscurité et les obstacles que les souches de vignes présentaient à chaque pas firent que les rangs se trouvèrent bientôt rompus. Les grenadiers ne se suivaient que d'assez loin sans savoir où ils devaient aller. Le capitaine, arrivé le premier avec les sapeurs, pénétra sous une voûte qui couvre la porte de la maison; deux ou trois Romains, s'étant présentés, furent tués à la baïonnette. Si les grenadiers eussent été groupés, et ils l'auraient été si l'on avait simplement suivi le chemin, ce moment était favorable pour forcer l'entrée et faire main basse sur les défenseurs; mais on chercha à mettre le feu à la maison, et, pendant ce temps, quelques coups de fusil étant partis des croisées, le capitaine appela à haute voix ses grenadiers : l'alarme fut donnée; les premiers arrivés tombèrent sous le feu de l'ennemi, et les autres, se retirant en désordre, regagnèrent la tranchée à travers les vignes sans trop savoir ce qui s'était passé.

Le capitaine, deux grenadiers et un sapeur furent tués; il y eut, en outre, 8 blessés.

A six heures du soir, le chef d'escadron Bourdeau prit le commandement de l'artillerie à la tranchée, ayant sous ses ordres des détachements de cinq batteries et 300 travailleurs d'infanterie.

Pendant la nuit, la batterie n° 10 répara ses embrasures et son épaulement. Les mortiers continuèrent à tirer sur la porte San-Pancrazio et sur les bastions 6 et 7.

Nous eûmes, dans les vingt-quatre heures, 1 officier et 6 soldats tués et 12 blessés.

JOURNÉE DU 21 JUIN. Au jour, la batterie n° 9, qui avait fait brèche la veille au bastion 7, tira encore, mais lentement et à faible charge, sur les terres, pour adoucir la rampe. Dans la matinée, les revêtements battus en brèche par les batteries n° 7 et 8 tombèrent aussi. Ces deux batteries n'en continuèrent pas moins à tirer avec vivacité sur le massif des terres, qui s'éboulaient difficilement, mais assez cependant pour faire juger que les deux brèches seraient rendues praticables dans le courant de la journée.

La batterie n° 10, de son côté, recommença son feu contre les défenses du front de San-Pancrazio.

A neuf heures du matin, le chef de bataillon du génie Galbaud-Dufort releva le chef d'attaque, ayant sous ses ordres le capitaine Prévost, deux brigades de sapeurs pour le jour et cinq pour la nuit, indépendamment des travailleurs d'infanterie.

Nombre de travailleurs	pour le jour	Troupes du génie	60
		Troupes d'infanterie	500
	pour la nuit	Troupes du génie	150
		Troupes d'infanterie	800

On s'occupa d'élargir et d'améliorer les tranchées ouvertes la nuit précédente, ainsi que les boyaux de communication qui devaient conduire de la 3e parallèle aux brèches du front (6-7). Un certain nombre de travailleurs furent employés à préparer un approvisionnement de gabions, fascines, sacs à terre et outils, que l'on déposa le plus près possible des points d'où devaient déboucher les colonnes d'assaut.

Vers trois heures de l'après-midi, les trois brèches faites, l'une à la face droite du bastion 6, l'autre à la face gauche du bastion 7, la troisième à la courtine intermédiaire, ayant été reconnues praticables, il fut décidé qu'on monterait à l'assaut le soir même. Mais, en même temps, on arrêta que cette attaque se bornerait à la prise de possession du front (6-7) et qu'on ne chercherait pas, en pénétrant plus loin, à enlever de vive force la seconde ligne de défense. On crut devoir ne rien livrer au hasard sur un terrain qui nous était encore tout à fait inconnu, et ne pas s'exposer à compromettre, au milieu de résistances ou d'obstacles imprévus, le succès de la marche méthodique et sûre que nous avions suivie jusqu'alors.

Tel fut l'avis du général commandant le génie. Il proposa, en conséquence, les dispositions suivantes, qui furent adoptées par le général en chef[1] :

Dispositions pour l'assaut.

« Le moment le plus convenable pour l'assaut paraît être la « chute du jour. Trois colonnes, composées chacune de deux com- « pagnies d'élite et d'une brigade de 30 sapeurs, monteront sans « bruit aux brèches qui seront désignées à chacune d'elles par le co- « lonel Niel, chef d'état-major du génie; et, si elles ne rencontrent « pas d'obstacles matériels sérieux, elles s'établiront en avant de « ces brèches, à une distance qu'il est difficile de fixer d'avance, « mais que l'instinct des troupes leur fera bien reconnaître. Cette « distance, en tout cas, devra être assez grande pour laisser par- « faitement libres les emplacements sur lesquels doivent être éta- « blis les travailleurs à la gorge des bastions. Dès que les co- « lonnes auront choisi leurs positions, les hommes se blottiront, « prêts à faire feu sur tout ce qui approcherait.

« Deux colonnes de travailleurs, chacune de 120 à 130 hommes « d'élite, portant des gabions, iront, à la suite des colonnes d'at- « taque et sous la conduite des officiers du génie, occuper les « gorges des bastions 6 et 7 et y feront un logement dans toute « la longueur de ces gorges.

« La brèche du centre, pratiquée dans la courtine, ne sera point « couronnée de gabions, afin de laisser toujours une libre com- « munication pour les retours offensifs et pour l'arrivée de la ré- « serve. Cette réserve, forte de 300 hommes, sera rassemblée « dans les tranchées les plus rapprochées de la brèche du milieu, « prête à se porter, au premier ordre, au secours des colonnes qui « auront déjà pénétré dans la place. Si toutes ces troupes se trou- « vaient trop vivement poussées, elles se retireraient par la brèche

---

[1] Voir l'ordre général de l'armée pour l'assaut du 21 juin, pièce n° 22.

« de la courtine, et non par les brèches des bastions, afin de ne
« pas déranger les travailleurs.

« Indépendamment de ces forces, il faudra avoir une garde de
« tranchée de deux bataillons, qui seront massés en arrière des
« batteries de brèche. Ces bataillons feront un mouvement en
« avant, pour remplacer les troupes dont il a été question plus
« haut, aussitôt que celles-ci auront quitté la 3e parallèle. Ils
« devront avoir pour mission spéciale d'observer les sorties que
« l'ennemi pourrait vouloir tenter, pour tourner les colonnes, soit
« par la porte San-Pancrazio, soit de tout autre côté.

« Ces opérations pourront être puissamment appuyées par les
« diversions suivantes faites dans la journée : 1° une démonstra-
« tion faite ostensiblement par des troupes qui occuperaient les
« hauteurs dominant la route qui conduit à la porte San-Paolo,
« comme si l'on projetait une attaque de nuit sur cette portion de
« l'enceinte ; 2° la marche de tout ou de partie de la division
« Guesviller sur la route qui mène à la porte del Popolo, comme
« si l'on voulait également tenter pendant la nuit une attaque de
« vive force de ce côté. »

Les prescriptions qui concernaient particulièrement les troupes
du génie furent les suivantes :

« Les troupes du génie fourniront ce soir cinq brigades pour le
« service de la tranchée. Les deux premières devront être rendues
« sur les lieux à six heures précises ; elles seront chargées de faire
« le couronnement des brèches. Les trois autres brigades mar-
« cheront avec les trois colonnes d'assaut qui doivent monter
« aux brèches.

« Chacune de ces trois brigades aura deux sacs de poudre et dix
« sacs à terre remplis, plus un paquet de vingt-cinq sacs vides, deux
« fortes pinces, une masse en fer, six haches et six pioches du parc.

« Tous les sapeurs porteront le fusil en bandoulière et ne s'en ser-
« viront qu'en cas de nécessité absolue. Les sapeurs portant les sacs

« de poudre et les sacs à terre marcheront les derniers, sous la con-
« duite d'un sergent et d'un caporal. Les trois dernières brigades
« seront rendues sur les lieux à huit heures et demie du soir. »

On va dire comment ces dispositions reçurent leur application.

Assaut du 21 juin.
18ᵉ nuit.
(Du 21 au 22 juin.)

A quatre heures, l'officier général de tranchée fut relevé par le général Levaillant (Charles), ayant sous ses ordres le colonel de Leyritz, du 68ᵉ de ligne.

La garde ordinaire de la tranchée fut composée de deux bataillons de la 2ᵉ division (un du 36ᵉ et un du 53ᵉ de ligne[1]).

Les brigades de sapeurs du capitaine Mayette et du lieutenant Brière, chargées de faire le couronnement des deux brèches des bastions, furent désignées, la première pour la brèche de droite (bastion 6), la seconde pour la brèche de gauche (bastion 7).

A neuf heures du soir, deux détachements de travailleurs, comprenant chacun 150 hommes des compagnies d'élite, et qui devaient marcher avec ces brigades de sapeurs, étaient arrivés à la tranchée. On leur distribua immédiatement pioches, pelles et gabions, et on les disposa dans les boyaux à proximité des bastions.

Les colonnes d'attaque arrivèrent à neuf heures trois quarts. La première, celle qui devait monter sur la brèche de droite, composée de deux compagnies (grenadiers et voltigeurs) du 36ᵉ de ligne et commandée par le chef de bataillon de Sainte-Marie, fut massée dans le boyau à la droite de la batterie n° 7, prête à déboucher par l'ouverture faite dans le mur de la face gauche de la demi-lune. La colonne destinée à la brèche de gauche, formée de deux compagnies d'élite du 53ᵉ, aux ordres du chef de bataillon

---

[1] Cette garde fut augmentée, à deux heures du matin, d'un renfort de 8 compagnies, fournies par ces deux mêmes régiments et par les 66ᵉ et 68ᵉ de ligne, lesquelles furent placées en arrière des trois brèches et dans les tranchées voisines, prêtes à monter en cas de retours offensifs de l'ennemi. Elles rentrèrent au camp vers onze heures du matin.

de Cappe, vint se masser dans la tranchée qui, partant de la 3ᵉ parallèle à la gauche de la batterie n° 9, débouche en face de la brèche du bastion 7. Enfin, la colonne désignée pour la brèche du centre, et qui, sous les ordres du chef de bataillon Dantin, se composait de deux compagnies d'élite du 32ᵉ, s'établit dans les zigzags à droite de la batterie n° 9, près du chemin creux ou fossé qui longe la face droite de la demi-lune et conduit de plain-pied dans le fossé de la courtine.

Les trois brigades de sapeurs, commandées par le capitaine de Jouslard, les lieutenants Denfert et Guillemard, furent attachées respectivement aux colonnes de droite, de gauche et du centre.

Le capitaine du génie Doutrelaine fut chargé du travail à exécuter dans le bastion 6, sous la direction du commandant Galbaud-Dufort, chef d'attaque. Le capitaine Prévost reçut même mission pour le bastion 7.

L'ordre avait été donné de monter à l'assaut à neuf heures et demie. Mais les difficultés attachées aux préparatifs d'une opération aussi importante, faite de nuit, et pour la réussite de laquelle la simultanéité d'action sur tous les points était une condition indispensable, occasionnèrent des retards. Ce fut à onze heures seulement que les trois colonnes, au signal donné par le colonel Niel, s'élancèrent sur les brèches. Elles les franchirent sans résistance de la part de l'ennemi, et aussi facilement que possible, l'éboulement des terres étant parfaitement déterminé jusqu'au sommet des remparts [1].

Les travailleurs suivirent immédiatement le mouvement des colonnes d'assaut aux deux bastions.

---

[1] Au moment où nos colonnes pénétrèrent dans l'enceinte, des feux de Bengale, allumés par les Romains sur leur seconde ligne de défense, pour éclairer nos mouvements, jetèrent de vives lueurs sur tout le terrain, et particulièrement dans le bastion 6. Mais ces feux ne durèrent que quelques instants et n'eurent, pour nous, aucun effet fâcheux.

Au bastion 6, la brigade de sapeurs du capitaine de Jouslard et les grenadiers du 3e bataillon du 36e se précipitèrent, nonobstant une fusillade assez vive, sur une maison (*la casa Barberini*) située en arrière de la courtine (5-6), et s'emparèrent de cette maison en quelques instants. On y fit une quinzaine de prisonniers; mais cette action de vigueur, du succès de laquelle dépendait la prise de possession du bastion, nous coûta cher : le capitaine du génie de Jouslard et le capitaine de grenadiers d'Astelet, du 36e, tombèrent tous deux mortellement blessés[1].

Les officiers du génie chargés du logement tracèrent immédiatement et firent exécuter une sape volante, dirigée de l'extrémité du flanc droit du bastion sur l'angle de la maison susmentionnée, en obéissant à certains ressauts de terrain que présentait la gorge de ce bastion. Une communication en zigzags fut également établie pour aller, de la brèche, à ce logement de la gorge, dont on appuya la droite en barricadant la maison aux principales ouvertures du rez-de-chaussée et en y disposant quelques créneaux avec des sacs à terre. A chacun des angles ou piliers de cette maison, l'ennemi avait préparé des chambres de mines pour faire sauter le bâtiment tout entier; déjà quelques-unes des boîtes destinées à contenir les charges étaient en place, et l'on trouva des sacs de poudre à proximité, ainsi que des artifices et des jarres remplies d'essence de térébenthine. Le temps avait manqué, sans aucun doute, pour compléter ces préparatifs que notre assaut était venu interrompre. En arrière de la brèche, les défenseurs avaient creusé un grand nombre de petites tranchées, de rigoles, de trous, embarrassés d'abatis ou recouverts de roseaux; mais ces obstacles,

---

[1] Le capitaine d'Astelet, déjà blessé à l'attaque du 30 avril, était venu, quoique encore imparfaitement guéri, rejoindre sa compagnie pour monter à l'assaut.

Le capitaine de Jouslard, jeune officier plein de bravoure, qui avait été décoré en Afrique, presque à sa sortie de l'école de Metz, s'était fait remarquer plus d'une fois, depuis le commencement du siège, par ses brillantes qualités militaires.

peu sérieux, firent seulement trébucher quelques-uns de nos soldats et ne les arrêtèrent pas. Les travailleurs rencontrèrent des difficultés plus grandes, dues à la pente du terrain vers la ville et à la nature argileuse et grasse de la terre dans laquelle ils avaient à ouvrir la presque totalité du logement. Cette circonstance nuisit beaucoup à l'avancement du travail, qui n'était généralement ni à largeur ni à profondeur, quand le jour commença à paraître.

La brèche de la courtine fut enlevée vivement par la colonne d'attaque du centre, qui prit position en avant et y resta jusqu'au jour.

Au bastion 7, la colonne de gauche escalada la brèche sans difficulté. Les troupes qui avaient mission de la défendre se replièrent précipitamment, après une seule décharge, sur les réserves qui occupaient les deux maisons situées à la gorge du bastion. Ces réserves elles-mêmes n'attendirent pas notre choc; on leur prit cependant une cinquantaine d'hommes. Une partie de la colonne d'attaque, et quelques sapeurs, conduits par le sergent Collin, s'avancèrent sur la gauche jusqu'au bastion 8, près de la maison attenant au flanc gauche de ce bastion; les défenseurs qui tenaient cette maison l'évacuèrent au plus vite. Le sergent Collin fit prisonnier un lieutenant-colonel qui, accompagné d'un officier et de deux cavaliers, faisait une ronde en ce moment.

Les travailleurs, arrivés à la suite de la colonne d'assaut dans le bastion, s'occupèrent, sans perdre de temps, d'en assurer la possession. Le logement qu'on exécuta saisit le terrain aussi heureusement que possible : le tracé, partant de l'extrémité du flanc gauche, contournait d'abord une grande excavation ménagée par les Romains et dont on profita, puis se dirigeait sur la face droite, et se retournait parallèlement à cette face pour aller, d'une part, se rattacher au flanc près de l'orillon, et, d'autre part, regagner la brèche, en utilisant pour cela une large et belle tranchée faite par l'ennemi, laquelle régnait sur toute la longueur de la face droite et sur une partie de la face gauche.

La nature sablonneuse du sol favorisa l'exécution du travail; et, au point du jour, on était partout à couvert.

Dans la partie excavée du bastion, à 12 ou 15 mètres en dedans de la droite de notre logement, on trouva deux souterrains voûtés, dans l'intérieur desquels l'ennemi avait préparé des fourneaux de mines au nombre de 5, savoir : 2 dans le souterrain le plus éloigné du flanc gauche et 3 dans l'autre. Les deux premiers étaient déjà chargés et bourrés; nos sapeurs en retirèrent deux boîtes pleines de poudre[1]. Le feu devait être communiqué à l'aide d'un saucisson : l'ennemi, surpris par l'arrivée de la colonne d'assaut, n'avait point eu le temps de faire usage de ce moyen de défense.

A ce triple assaut, nos troupes se conduisirent avec bravoure et résolution. Les sapeurs ayant eu ordre de ne se servir de leurs fusils qu'en cas de nécessité absolue, plusieurs d'entre eux tuèrent des Romains à coups de hache.

Vers deux heures et demie du matin, l'ennemi, qui, jusque-là, n'avait fait qu'une fusillade plus ou moins vive, ouvrit le feu de deux batteries : l'une de 3 pièces, établie à l'origine de la première branche de l'enceinte Aurélienne, près de la porte San-Pancrazio; l'autre de 5 pièces, disposée en avant de l'église de San-Pietro-in-Montorio. Ces batteries couvrirent nos travaux d'une pluie non interrompue de boulets, d'obus et de mitraille. Leur tir, d'abord incertain, s'étant mieux réglé lorsque le jour fut venu, nous fit éprouver quelques pertes, surtout dans le bastion 6, où, comme on l'a dit plus haut, les excavations étaient encore peu avancées. Nous disposâmes alors, sur la brèche de la courtine, une banquette et une ligne de créneaux en sacs à terre, derrière lesquels

---

[1] Ces boîtes avaient pour dimensions (dans œuvre) 55, 33 et 30 centimètres.

des chasseurs à pied furent postés pour tirer aux embrasures de l'ennemi ; mais une ou deux pièces ayant porté leurs feux dans cette direction, eurent bientôt écrêté ce parapet, qui n'avait presque pas d'épaisseur. Quelques-uns de nos chasseurs furent tués, d'autres blessés, et l'on ne put continuer à tenir sur ce point. D'un autre côté, la batterie romaine de Saint-Alexis, qui prenait des vues sur le bastion 6, se mit aussi à faire feu sur ce bastion, ce qui contribua à augmenter encore l'inquiétude de nos travailleurs. Bientôt l'intensité de ces feux convergents devint telle, que le chef d'attaque jugea à propos de faire cesser le travail, et de ne laisser dans le bastion que la garde nécessaire, blottie dans les excavations déjà faites.

Les généraux commandant le génie et l'artillerie ne quittèrent la tranchée que vers quatre heures du matin, lorsque l'occupation des bastions fut bien assurée.

Au moment de l'assaut, conformément à l'ordre général de l'armée, des diversions avaient été opérées sur les deux points de la rive gauche du Tibre indiqués par cet ordre. Ainsi, à neuf heures du soir, le lieutenant-colonel Espinasse, du 22e léger, s'était porté, avec un bataillon de son régiment et 4 pièces d'artillerie, en avant de la basilique de San-Paolo, et avait engagé avec la place un feu nourri, qui dura deux heures, sans nous faire éprouver de pertes.

Sur le haut Tibre, le général Guesviller, à la tête de 4 bataillons, s'était avancé jusque sur les hauteurs voisines de la villa Borghèse, y avait pris position, et avait fait jeter des obus dans le faubourg et dans la ville ; puis il s'était retiré, après avoir fait quelques prisonniers.

Nos pertes totales, dans la nuit de l'assaut et dans la journée du 21 juin, s'élevèrent seulement à 3 officiers et 12 soldats tués, 3 officiers et 57 soldats blessés. Elles furent peu considérables eu égard au résultat obtenu.

La vivacité du feu de l'artillerie ennemie, venant, de trois côtés différents, se concentrer particulièrement sur le bastion 6, avait obligé, dès le matin, comme on l'a dit ci-dessus, à retirer les travailleurs de ce bastion.

La maison Barberini, située sur la courtine (5-6), et à laquelle s'appuyait la droite de notre logement, fut bientôt elle-même tellement criblée par les boulets et les obus, qu'on dut l'évacuer momentanément. Dans la matinée, cette maison, dont les abords n'étaient pas surveillés avec assez de soin, fut reprise ou plutôt réoccupée par l'ennemi; mais, après un court moment d'hésitation, les grenadiers du 36e de ligne s'y élancèrent à la baïonnette, et les Romains, qui y étaient rentrés en grand nombre, se retirèrent en toute hâte.

A neuf heures, le chef de bataillon du génie Frossard prit la direction des attaques, ayant sous ses ordres le capitaine Ragon, 3 brigades de sapeurs et 460 travailleurs d'infanterie.

Les tranchées ouvertes pendant la nuit, dans le bastion 7, furent élargies, mises à profondeur, garnies de gradins pour la fusillade et de créneaux en sacs à terre. On établit une rampe régulière sur la brèche, et l'on porta à bonne largeur l'entrée dans ce bastion.

Quant au bastion 6, la continuité du feu extrêmement vif des batteries ennemies empêcha d'y exécuter, dans le jour, les travaux analogues d'achèvement et de perfectionnement. Les travailleurs, remis dans les tranchées à plusieurs reprises, ne purent y être maintenus. On se borna à organiser deux rampes d'accès sur la brèche, à élargir l'entrée du bastion, et à prendre quelques mesures provisoires pour que les Romains ne rentrassent plus dans la maison Barberini, derrière laquelle une partie de la garde de tranchée fut postée.

A quatre heures, le général Levaillant (Jean) releva le général de tranchée. L'officier supérieur placé sous ses ordres fut le colonel d'Autemarre, du 53ᵉ de ligne.

Garde de la tranchée..
{ Un bataillon du 16ᵉ léger.
Un bataillon du 25ᵉ léger.
Un bataillon du 22ᵉ léger.
Une compagnie du 1ᵉʳ bataillon de chasseurs.

On acheva, dès l'entrée de la nuit, les tranchées du bastion 6 ; et l'on s'établit plus solidement dans la maison Barberini, en barricadant fortement toutes ses ouvertures, tant en bas qu'à l'étage qui était en communication avec la courtine (5-6), et en élevant en arrière des parapets en sacs à terre. On se servit, à cet effet, des sacs des Romains, que l'on trouva partout à profusion.

19ᵉ NUIT.
(Du 22 au 23 juin.)

Une tranchée, en forme de sape double, fut creusée entre le pied de la brèche du bastion 6 et le boyau débouchant de la face gauche de la demi-lune, afin que la communication avec ce bastion pût être couverte, à la fois, contre les coups du Testaccio et contre les projectiles qui passaient par-dessus la courtine (6-7).

Sur la brèche même de cette courtine, on organisa un terre-plain de 8 mètres de largeur, élevé de 3 mètres au-dessus du fossé, et destiné à recevoir une batterie de 4 pièces dont il sera question ci-après. Ce travail, conduit activement, fut terminé au point du jour.

Il existait sous la courtine une ancienne poterne, immédiatement à gauche de la brèche, et dont le débouché extérieur avait été maçonné : on démolit ce mur de fermeture, et on commença le déblai de la poterne, qui avait été comblée avec de la terre et des branchages.

Enfin, sur la gauche des attaques, on ouvrit, à partir de la redoute de la villa Corsini, un cheminement descendant à travers les vignes vers la maison Giacometti, dont l'occupation avait été vainement tentée par nous dans la dix-septième nuit.

L'ennemi ne hasarda aucun retour offensif sérieux contre notre établissement dans les bastions 6 et 7.

A l'heure ordinaire de relevée, le chef d'escadron Soleille prit le commandement de l'artillerie à la tranchée, ayant sous ses ordres des détachements de six batteries et 300 travailleurs d'infanterie.

Les travaux de notre artillerie et le feu de ses pièces avaient dû nécessairement être interrompus pendant la nuit de l'assaut; elle ne tira pas non plus dans la journée du 22. Il ne nous restait, en effet, aucun moyen de tenir en respect les batteries de Saint-Alexis et du Testaccio, depuis que la batterie n° 2 avait été désarmée pour fournir son matériel à celles qu'on avait faites ultérieurement. Dès les jours précédents, nous avions reconnu la nécessité de contre-battre de nouveau cette artillerie de la rive gauche, qui, n'étant plus contenue, dirigeait ses feux sur les cheminements voisins de nos brèches et inquiétait même les troupes campées à San-Carlo. On lui avait opposé, en conséquence, la batterie de réserve de 12 (capitaine Roget), qui, à diverses reprises, était venue prendre position sur un mamelon à droite du dépôt de tranchée, d'où, effectuant son feu à découvert et à une distance de 1,000 mètres environ, elle avait plusieurs fois réduit au silence la batterie du Testaccio, qui tirait par des embrasures.

Rétablissement de la batterie n° 2.

Mais cette ressource, quoique d'une certaine efficacité, n'avait pu être suffisante. Aussi, dès qu'il fut possible d'employer les pièces de 16 du second équipage de siége, débarqué le 9 juin, mais dont les affûts n'arrivèrent que le 21[1], le général commandant l'artillerie fit occuper de nouveau la position de la batterie n° 2. Le revêtement primitif avait été démoli, ainsi que les embrasures, et

---

[1] Voir la pièce annexe n° 23

tous les gabions en avaient été enlevés pour être utilisés ailleurs. On refit ce revêtement avec des gabions de sarments de vigne, et l'on dut reconstituer en grande partie l'épaulement, qu'on disposa pour un armement de quatre pièces de 16. Ces travaux furent exécutés, dans la nuit du 22 au 23, par la 12e batterie du 3e régiment (capitaine Pinel), qui demeura chargée du service de cette nouvelle batterie à laquelle on conserva le nom de batterie n° 2.

La veille, on avait pensé qu'il serait utile d'établir, comme nous l'avons dit, une batterie sur la brèche de la courtine, d'où l'on espérait pouvoir battre avantageusement une partie de l'enceinte Aurélienne et surtout la hauteur de San-Pietro-in-Montorio, dont les feux inquiétaient si fortement l'occupation des bastions. Dans la matinée du 23, il fut décidé qu'on y organiserait un épaulement pour quatre pièces. La 16e batterie du 11e régiment (capitaine Prélat) fut chargée de ce travail et le commença immédiatement, avec l'aide de soldats du génie. On désigna cette batterie sous le n° 11, et l'on fixa son armement à deux pièces de 24 et deux de 16 ; c'était l'armement même de la batterie de brèche n° 8, lequel se trouvait déjà tout porté à la tête des tranchées.

Établissement de la batterie n° 11.

Comme il fallait que le terre-plain de la batterie fût le plus élevé possible, afin de donner aux pièces un commandement d'autant plus grand sur les batteries opposées, on le forma en rapportant, sur les débris de la maçonnerie écroulée, des terres prises dans la demi-lune en arrière et transportées au moyen de sacs et de paniers.

A mesure que s'élevait ce terre-plain, on le soutenait du côté du fossé de la courtine par un revêtement en fascines de roseaux. Toutefois, comme les terres portées à bras ne suffisaient pas, on dut, pour se procurer des remblais, creuser un fossé au pied même de la brèche.

Pendant ce temps, les canonniers s'occupaient du revêtement de l'épaulement et des embrasures, travail qui fut terminé au jour;

mais les embrasures demeurèrent masquées. On put, à l'abri de l'épaulement ainsi disposé, continuer l'organisation du remblai et construire les plates-formes.

Nous eûmes, dans les vingt-quatre heures, 6 soldats tués, 30 soldats et 1 officier blessés.

Le chef de bataillon du génie Frossard fut atteint, à la tête, d'une balle qui ne produisit qu'une forte contusion.

JOURNÉE DU 23 JUIN. A neuf heures du matin, le lieutenant-colonel du génie Leblanc releva le chef d'attaque. Il avait sous ses ordres le capitaine Veilhan, 3 brigades de sapeurs et 600 travailleurs d'infanterie.

Pendant cette journée, on apporta quelques perfectionnements aux tranchées qui formaient les logements de nos troupes dans les bastions 6 et 7, et l'on compléta les dispositions déjà prises pour garantir l'occupation de la casa Barberini sur la courtine (5-6). On travailla aussi aux parties de la 3e parallèle qui n'avaient pas été terminées dans les nuits précédentes.

L'artillerie, dans la matinée, monta les pièces de la batterie n° 11. Vers huit heures, l'ennemi dirigea, du bastion 8, le feu de plusieurs pièces, qui prirent très-obliquement d'écharpe la batterie et écrêtèrent les parties du mur d'escarpe restées debout à droite et à gauche. Des coups non moins dangereux vinrent aussi d'un autre côté. L'ennemi, en effet, avait abandonné sa position en avant de Saint-Alexis et en avait pris une autre dans des jardins en arrière de cette église, afin d'échapper aux vues de notre batterie n° 2. De là, il fit un feu bien nourri sur la courtine que nous occupions, pendant que la batterie du Testaccio la prenait d'enfilade. Le matériel déjà monté sur le terre-plain de la batterie n° 11, ainsi attaqué de toutes parts, se trouvait dans une position critique. Il fut nécessaire, pour se couvrir, d'élever à chaque extrémité des traverses en sacs à terre, joignant les pans de mur qui limitaient la brèche. Cette opération fut exécutée avec ardeur par les canonniers et les travailleurs d'infanterie, sous une grêle de projectiles. Nos chasseurs à pied réussirent, il est vrai, par la justesse de leur tir, à faire abandonner les embrasures de la batterie romaine de gauche. Mais l'ennemi transporta bientôt ses pièces en arrière du flanc droit du bastion 8, d'où il continua son feu, quoique avec moins de danger pour la batterie n° 11.

Nonobstant toutes ces difficultés, la batterie était, à midi, non-seulement terminée, mais armée. On démasqua ses embrasures; mais on s'aperçut aussitôt qu'elles ne découvraient qu'imparfaitement San-Pietro-in-Montorio. Il y avait nécessité d'y remédier. Comme on avait à craindre, d'ailleurs, que le massif servant de terre-plain, soutenu seulement par un revêtement en fascines de roseaux, n'offrît pas toute la solidité désirable, et que la commotion résultant du tir, jointe au poids des pièces, ne déterminât l'éboulement de ce massif, le génie entreprit de revêtir en madriers tout le coffre du terre-plain, et de l'étançonner au moyen de fortes pièces de bois. Ces divers travaux obligèrent à retarder d'un jour l'ouverture du feu de la batterie n° 11.

La batterie de mortiers jeta des bombes dans le bastion 8 et sur les terrains de la villa Savorelli, pour chercher à atteindre les défenses intérieures de la porte San-Pancrazio. De son côté, notre batterie n° 10 dirigea son feu, autant que possible, sur la batterie ennemie qui, placée en arrière du front (8-9) dans des positions indiquées seulement par la fumée des explosions, tirait de là sur les bastions et sur la courtine occupés par nous. La batterie n° 10 contre-battit aussi, durant une partie de la journée, la face gauche du bastion 9, pour essayer d'ouvrir l'enceinte derrière le second retranchement Aurélien.

Le général Chadeysson, à quatre heures du soir, releva le général de tranchée. Le colonel Blanchard, du 36ᵉ de ligne, lui fut adjoint.

Garde de la tranchée..
{ Un bataillon du 32ᵉ de ligne.
Un bataillon du 53ᵉ de ligne.
Un bataillon du 16ᵉ léger.
Une compagnie du 1ᵉʳ bataillon de chasseurs.

20ᵉ NUIT.
(Du 23 au 24 juin.)

Pendant la nuit, on continua le déblayement de la poterne de la courtine (6-7). On fit une tranchée reliant l'entrée intérieure de cette poterne avec les deux maisons situées à la gorge du bastion 7. Quelques parties de ce travail, devant l'entrée de la poterne, restaient inachevées; elles furent terminées les 21ᵉ et 23ᵉ nuits.

A droite de la casa Barberini et parallèlement à la courtine (5-6), on exécuta une sape d'environ 30 mètres de longueur, avec un retour se rattachant à l'extrémité de cette courtine, afin d'éclairer les pentes du terrain jusqu'à la porte Portèse.

La nuit suivante (la 21ᵉ), une autre tranchée fut faite, parallèlement aussi à la courtine et un peu en avant de la première, pour mieux découvrir le fond du ravin du côté du nord.

Dans le but de nous assurer les fossés du front (6-7) contre les retours offensifs qui viendraient de la gauche, et pour avoir des feux de mousqueterie bien dirigés contre le flanc gauche du bastion 8, on ouvrit, à partir du saillant du bastion 7, un boyau qui, barrant le fossé, se retournait ensuite à angle droit suivant une direction intermédiaire entre la porte San-Pancrazio et le Vascello. Mais, au jour, il fallut abandonner cette tranchée, qui était enfilée du bastion 9 et vue à revers par les maisons que l'ennemi occupait encore en avant du Vascello.

Le cheminement dirigé, la nuit précédente, de la redoute de Corsini vers la casa Giacometti, ayant déterminé l'ennemi à évacuer cette dernière maison, la 3ᵉ parallèle put être poussée dans cette direction et venir se réunir audit cheminement, qui lui-même fut continué vers le bastion 7. Mais, lorsque le jour parut, on dut aussi abandonner une partie de ces tranchées nouvelles, parce que l'ennemi tenait encore dans la *maison blanche*, située à 110 mètres en avant du milieu de la courtine (7-8).

A six heures du soir, le chef d'escadron Bourdeau prit le service de l'artillerie à la tranchée, ayant sous ses ordres des détachements de six batteries et 300 travailleurs d'infanterie.

La batterie de mortiers avait réglé son tir de manière à jeter ses bombes, toute la nuit, dans le bastion 8. Mais quelques bombes ayant éclaté au-dessus des tranchées, et leurs éclats ayant atteint nos travailleurs, le tir fut interrompu, sur la demande du commandant du génie, et l'on attendit le jour pour le régler de nouveau. Les quatre mortiers furent réunis, d'ailleurs, dans l'ancienne batterie n° 5.

Nos pertes des vingt-quatre heures furent de 4 tués et 26 blessés, dont 1 officier.

Chef d'attaque : le chef de bataillon du génie Goury, qui eut sous ses ordres le capitaine Prévost, trois brigades de sapeurs et 600 travailleurs d'infanterie.

JOURNÉE DU 24 JUIN

Jusqu'à ce moment, nous n'avions pu songer qu'à consolider notre établissement dans les deux bastions 6 et 7; il n'avait point encore été possible de donner suite aux dispositions projetées pour la marche ultérieure des attaques, marche qui devait consister, ainsi qu'on l'a dit, à faire un mouvement de conversion à gauche pour gagner le bastion 8, puis la tête de l'enceinte Aurélienne formant deuxième ligne de défense.

Une difficulté imprévue s'était présentée à nous, aussitôt que nous avions eu pris pied dans l'enceinte : elle résultait des formes du terrain intérieur, qui, par sa déclivité rapide vers la ville et par le manque absolu d'espace horizontal le long de la courtine (7-8), semblait devoir rendre fort laborieux, sinon impossible, tout développement de tranchées vers notre gauche, pour peu que l'artillerie ennemie concentrât ses feux sur les contre-pentes où il nous aurait fallu cheminer. Depuis deux jours, l'événement justifiait cette appréhension; et les efforts de vingt bouches à feu, couvrant de leurs projectiles nos logements dans les bastions, se multipliaient pour nous empêcher de déboucher. Ces efforts redoublèrent encore dans la journée du 24 juin. Notre batterie n° 11, construite sur la brèche même de la courtine, venait d'ouvrir son feu dès quatre heures et demie du matin. Elle tira d'abord sur une longue tranchée qui avait été faite par l'ennemi sur la pente du contre-fort en arrière de la courtine; mais presque aussitôt les Romains ripostèrent par le feu de trois batteries qui, prenant la nôtre de face, d'écharpe et de flanc, la contraignirent à se taire, avant qu'elle eût pu tirer plus de quatre ou cinq coups par pièce. Sous ce feu d'une extrême vivacité, les gabions et les sacs à terre de l'épaulement étaient renversés, et il y avait impossibilité absolue de songer à les relever et à dégager les embrasures.

Après avoir mis la batterie n° 11 hors d'état d'agir, l'artillerie ennemie dirigea son tir avec beaucoup de violence sur la gorge des bastions. Dès lors, on put se convaincre que, dans de pareilles circonstances, ce serait en vain qu'on essayerait de cheminer en avant, à moins de se résigner à des pertes très-considérables.

L'artillerie seule pouvait nous mettre à même de surmonter ces obstacles; il était évident pour tous qu'en appuyant jusqu'ici la marche des attaques comme elle l'avait fait, et en ouvrant les trois brèches par lesquelles nous avions pénétré dans l'enceinte, elle n'avait encore rempli qu'une partie de sa tâche.

Il lui restait à réduire au silence ces bouches à feu, si activement servies, qui avaient pris position sur la seconde ligne de défense. En un mot, c'était un combat d'artillerie qu'il fallait livrer pour rétablir notre supériorité sur ce point. Le succès de nos opérations ultérieures en dépendait. Cette lutte allait s'engager sur un théâtre où l'ennemi avait pu s'étendre, se préparer à loisir et accumuler à l'avance ses puissants moyens d'action, tandis que le terrain de nos brèches, très-resserré et pour ainsi dire entouré de toutes parts, ne laissait qu'un développement fort restreint pour notre canon. La situation était grave. Il fut décidé qu'on reconstruirait le plus solidement possible la batterie de la courtine et que l'on établirait, dans les bastions 6 et 7, deux nouvelles batteries de quatre pièces chacune. C'était tout ce que notre matériel disponible permettait de faire.

Le service du génie, tout en améliorant encore les logements exécutés dans les deux bastions, s'occupa immédiatement, et de concert avec l'artillerie, à déblayer les emplacements assignés à ces deux batteries nouvelles.

En même temps, devant la face droite du bastion 7, à l'extérieur de l'enceinte, on élargit le premier boyau du cheminement ouvert la nuit précédente; mais la vivacité du feu de l'ennemi empêcha de travailler au reste de ce cheminement, qui n'avait pas été assez approfondi pendant la nuit.

Sur la gauche, on termina la communication descendant de la villa Corsini à la maison Giacometti; mais on ne put, à cause du feu de la place, tenir des travailleurs dans la partie de la tranchée qui dépassait cette maison.

Établissement des batteries n°° 12 et 13.

La batterie à établir dans le bastion 6 fut désignée sous le n° 12. On fixa son armement à deux pièces de 24 et deux de 16, et l'on chargea de sa construction la 16° batterie du 8° régiment (capitaine Langlade), qui fut remplacée, dans le service des mortiers, par la 6° batterie du 7° régiment (capitaine Canu).

La batterie projetée dans le bastion 7 prit le n° 13 et dut être armée de deux pièces de 16, d'une pièce de 24 et d'un obusier de 22 centimètres. Sa construction fut confiée à la 12° batterie du 5° régiment (capitaine Rochebouët).

Pendant cette journée, notre batterie n° 2 tira peu. Deux pièces des batteries romaines de la rive gauche dirigèrent quelques projectiles sur les travaux de l'attaque; nos artilleurs les firent taire en peu de temps.

A six heures du soir, le colonel Chenaux, du 66° de ligne, prit les fonctions de général de tranchée. Le colonel Bosc, du 32°, lui fut adjoint [1].

Garde de la tranchée..
{ Un bataillon du 36° de ligne.
Un bataillon du 68° de ligne.
Une compagnie du 1ᵉʳ bataillon de chasseurs.

21ᵉ NUIT.
(Du 24 au 25 juin.)

Le génie et l'artillerie continuèrent activement à élargir les emplacements des deux batteries projetées dans les bastions 6 et 7.

La *maison blanche,* située en avant de la courtine (7-8), ayant été évacuée par l'ennemi, on exécuta à la sape volante, pour former une 4ᵉ parallèle, deux nouvelles tranchées, l'une de 80 mètres, partant du cheminement fait devant la face droite du bastion 7, l'autre de 60 mètres, en prolongement de la tranchée qui venait de la casa Giacometti. On compléta aussi les travaux laissés inachevés, la nuit précédente, dans le voisinage de cette maison.

Le chef d'escadron d'artillerie Béret, récemment arrivé à l'armée, monta la tranchée; il eut sous ses ordres des détachements de 6 batteries et 300 travailleurs d'infanterie.

---

[1] Le nombre des généraux de brigade qui faisaient le service de la tranchée étant devenu insuffisant, le général en chef décida, par ses ordres des 24 et 26 juin, que les trois plus anciens colonels concourraient à ce service. Il fut décidé en même temps que les gardes de tranchée et les travailleurs seraient relevés désormais à six heures du soir, au lieu de quatre heures. (Voir la pièce n° 24.)

Tout en continuant l'élargissement des tranchées destinées à recevoir les batteries n°ˢ 12 et 13, l'artillerie commença la construction des épaulements de ces batteries et répara la batterie n° 11.

Nos pertes, dans les 24 heures, furent de 2 tués et 20 blessés, dont 3 officiers.

Vers huit heures du matin, un officier supérieur romain se présenta devant les tranchées du bastion 7, en parlementaire, apportant au général en chef une protestation de plusieurs consuls étrangers contre le prétendu bombardement de Rome. On s'aperçut bientôt qu'il ne cherchait qu'à reconnaître l'état de nos travaux : on garda la lettre et on renvoya l'officier immédiatement.

Chef d'attaque : Le chef de bataillon du génie Galbaud-Dufort, ayant sous ses ordres le capitaine Regnault, 3 brigades de sapeurs et 510 travailleurs d'infanterie.

La construction des batteries n°ˢ 12 et 13, et la lutte qu'elles devaient engager contre l'artillerie de la place, demandaient du temps. La marche des attaques, qui ne pouvait se continuer au dedans de l'enceinte qu'après le succès de cette lutte, allait donc se trouver forcément retardée.

Mais comme il était d'une haute importance pour l'armée d'arriver promptement au résultat final, on résolut, pour remédier au temps d'arrêt momentané qu'éprouvaient les cheminements à l'intérieur, d'ouvrir du dehors le bastion 8, en faisant brèche à son flanc gauche. C'était, en quelque façon, sortir de l'enceinte pour y rentrer par un autre point; mais c'était aussi nous assurer un moyen de communication avec nos tranchées en arrière, pour le moment où nous nous déciderions à effectuer, de l'intérieur, une occupation de vive force du bastion 8 par sa gorge. Il fut arrêté, en conséquence, qu'une nouvelle batterie de brèche serait établie au pied du saillant du bastion 7, perpendiculairement à sa face droite, pour tirer sur le flanc opposé du bastion 8[1].

On s'occupa, sans retard, d'élargir convenablement la tranchée déjà faite sur cet emplacement.

On termina en même temps et l'on améliora les tranchées qui partaient de ce point pour former une quatrième parallèle. Il y avait à terminer aussi la portion de cette parallèle ouverte du côté de la casa Giacometti, où le travail n'était pour ainsi dire qu'ébauché, les gabions n'ayant pas même été remplis entièrement; mais, comme il était impossible d'y tenir des travailleurs, on n'acheva cette partie qu'à la nuit.

L'artillerie continua, dans la journée du 25, la construction des batteries n°s 12 et 13, qui présentait de grandes difficultés.

Pendant ce temps, nos mortiers dirigèrent leur feu sur le bastion 8, et la batterie n° 10 tira à démolir la maison Savorelli, puis à démonter la batterie intérieure du bastion 8, tandis que, avec sa dernière pièce de gauche, elle continuait à contre-battre la face gauche du bastion 9.

A l'heure ordinaire de relevée, le colonel Marchesan, du 16e léger, prit le service de général de tranchée; le colonel Ripert, du 25e léger, lui fut adjoint.

Garde de la tranchée..
{ Un bataillon du 53e de ligne.
Un bataillon du 66e de ligne.
Une compagnie du 1er bataillon de chasseurs.

22e NUIT.
(Du 25 au 26 juin.)

Sur la droite de nos établissements dans l'enceinte, on disposa, parallèlement au flanc droit du bastion 5 et à 6 mètres de ce

---

[1] Le général commandant le génie s'était borné d'abord à demander à l'artillerie de placer une pièce dans le fossé, au saillant du bastion 7, pour entamer la maçonnerie du flanc gauche du bastion 8 et y faire un commencement de logement pour le mineur. Mais, l'artillerie ayant reconnu la possibilité d'établir trois pièces dans ce fossé, le projet primitif fut abandonné et la brèche se fit par le canon.

flanc, un logement avec retour; et dans l'intérieur de ce logement, poussé jusqu'à la face du bastion, on commença un puits de mine afin de renverser par une explosion l'escarpe du flanc, et d'ouvrir ainsi une communication directe entre notre extrême droite et les fossés (5-6-7), qui étaient devenus, depuis l'assaut du 21, une grande place d'armes parfaitement couverte.

On avait fait les préparatifs nécessaires pour couronner à la sape volante, pendant cette nuit, le petit mamelon sur lequel est assise la casa Barberini, en arrière de la courtine (5-6); mais le feu qui partait de la tranchée romaine fut tellement vif, que cette opération ne put être entreprise : on amorça seulement le débouché d'une sape pleine pour effectuer, de jour, ce couronnement, en le commençant par la droite.

A la gauche des attaques, nonobstant un feu très-soutenu de mousqueterie, qui venait à la fois des maisons encore occupées et d'une tranchée faite par les défenseurs tout près de nos logements, on exécuta deux sapes volantes : l'une de 110 mètres de longueur, dans la partie centrale de la 4ᵉ parallèle, qui fut ainsi ouverte dans tout son développement; l'autre d'environ 60 mètres, débouchant de la 4ᵉ parallèle et venant aboutir en avant de la casa Giacometti, vers le chemin de la porte San-Pancrazio. L'exécution de ce dernier boyau fut inquiétée par la sortie d'un petit détachement de Romains, qui vint tirer à bout portant sur la tranchée; mais le capitaine du génie Regnault maintint vigoureusement ses travailleurs sous le feu de l'ennemi, et nous n'eûmes que 3 hommes blessés.

Le commandant de l'artillerie à la tranchée fut le chef d'escadron Soleille, qui eut sous ses ordres des détachements de 6 batteries et 300 travailleurs d'infanterie.

La construction des batteries dans les bastions 6 et 7 et sur la courtine fut continuée. On pensait que ces travaux seraient terminés dans la nuit et que les trois batteries pourraient à la fois commencer à tirer dans la matinée du 26; mais les embrasures de la batterie du bastion 6 ne furent pas achevées complétement. Ce retard avait été occasionné par une fusillade très-nourrie, que l'ennemi dirigea principalement sur ce dernier bastion et qu'il entretint pendant toute la nuit.

De plus, la 16e batterie du 8e régiment se trouvait trop faible en officiers et sous-officiers pour mener à bonne fin ce travail : deux officiers avaient été atteints par les fièvres; un troisième avait été tué. Le seul officier présent ne pouvait suffire. En conséquence, on dut faire relever cette batterie : elle fut remplacée par la 6e du 7e régiment (capitaine Canu), et elle alla reprendre le service des mortiers.

Nous eûmes, dans les vingt-quatre heures, 3 tués et 14 blessés, parmi lesquels un officier.

JOURNÉE DU 26 JUIN.

Chef d'attaque : Le lieutenant-colonel du génie Leblanc, qui eut sous ses ordres le capitaine Prévost, 3 brigades de sapeurs et 490 travailleurs d'infanterie.

On perfectionna la quatrième parallèle ainsi que les boyaux en arrière de sa droite, et celui qui avait été fait en avant vers sa gauche, près de la casa Giacometti. Dans plusieurs de ces tranchées, il fallut établir des traverses pour les rendre habitables pendant le jour : on disposa ces traverses en forme de portiques, au moyen de gabions et de fascines.

Dans les bastions 6 et 7, on fit aussi quelques travaux et l'on prépara des débouchés pour la sape pleine.

Notre batterie de l'extrême droite n° 2, et celle de la gauche n° 10, continuèrent leur feu dans les mêmes circonstances et avec les mêmes directions que la veille.

Établissement de la batterie n° 14.

L'emplacement de la batterie projetée dans le fossé du saillant 7, pour faire brèche au flanc gauche du bastion 8, ayant été préparé, l'artillerie commença, dans l'après-midi, la construction de cette batterie, qui fut désignée sous le n° 14 : on fixa son armement à 3 pièces de 16, et on la confia à la 16ᵉ batterie du 8ᵉ régiment (capitaine Gachot).

Le général Morris et le colonel de Leyritz, du 68ᵉ de ligne, relevèrent, à six heures du soir, le général et l'officier supérieur de tranchée.

Garde de la tranchée.. { Un bataillon du 22ᵉ léger.
Un bataillon du 32ᵉ de ligne.
Une compagnie du 1ᵉʳ bataillon de chasseurs.

23ᵉ NUIT.
(Du 26 au 27 juin.)

On déboucha de la 4ᵉ parallèle, sur la gauche de la *maison blanche*, par un boyau en sape volante d'une longueur d'environ 65 mètres, dirigé vers le milieu de la courtine (7-8); on le traça en crémaillère, afin de le mieux défiler des coups d'écharpe qui pouvaient venir de cette courtine, dont l'ennemi n'avait point encore abandonné la partie droite. A peine les gabions étaient-ils posés, qu'un feu très-violent de mousqueterie et de mitraille obligea d'interrompre le travail; on le reprit plus tard, et, lorsque vint le jour, on était assez bien à couvert dans cette tranchée. Sur la gauche, où l'on voulut exécuter un nouveau boyau, à partir de celui qui s'arrêtait en avant de la casa Giacometti, on ne put faire autre chose que placer 75 gabions, qui restèrent vides. La vivacité du tir de l'ennemi ne permit pas aux officiers chargés de l'exécution de cette tranchée d'y maintenir leurs travailleurs.

Du bastion 7, on essaya vainement de s'avancer à la sape volante, le long de la courtine (7-8); on fut arrêté par une fusillade très-nourrie partant de la tranchée romaine. Il fallut se borner à continuer les débouchés en sape pleine commencés pendant le jour.

Une tentative également infructueuse fut faite, sur la courtine (5-6), pour couronner à la sape volante le mamelon de la maison Barberini.

La fusillade de la tranchée des Romains et la canonnade de San-Pietro-in-Montorio empêchèrent ce travail de marcher.

Enfin au flanc droit du bastion 5, on continua le puits de mine qui devait servir à renverser l'escarpe.

Le chef d'escadron Bourdeau releva le commandant de l'artillerie à la tranchée. Il avait sous ses ordres des détachements de cinq batteries et 200 travailleurs d'infanterie.

Pendant la nuit, on termina et on arma la batterie n° 12, dans le bastion 6. Les deux autres batteries, n°s 11 et 13, étaient prêtes depuis la veille[1]. La nouvelle batterie de brèche n° 14 fut construite et armée. Une fusillade assez vive, qui éclata vers onze heures et demie du soir, interrompit quelque temps le travail; malgré cette cause de retard, toutes les batteries étaient en mesure de tirer à quatre heures du matin; mais, un brouillard épais s'étant répandu tout à coup, il fallut différer l'ouverture du feu.

Nous eûmes, dans les vingt-quatre heures, 10 hommes blessés.

JOURNÉE DU 27 JUIN. Vers six heures, le brouillard s'étant dissipé, les batteries n°s 11, 12, 13 et 14, la batterie de mortiers n° 5, et six petits mortiers de 15 centimètres qu'on était parvenu à établir pendant la nuit dans les cheminements mêmes du bastion 7, commencèrent à la fois leur feu. La batterie n° 10 se remit à tirer, au même instant, sur le front de San-Pancrazio, pour concourir à cette attaque générale.

L'artillerie ennemie répondit aussitôt par un tir très-vif et parfaitement bien dirigé. Le combat si impatiemment attendu par

---

[1] Les pièces furent montées à bras, dans les bastions, au moyen de rampes pratiquées sur les terres des brèches. L'infanterie concourut à cette opération avec l'artillerie; on mit jusqu'à cent hommes par pièce.

nous était engagé ; il dura tout le jour. Notre batterie du bastion 6, particulièrement en butte aux coups des pièces établies sur le haut de l'enceinte Aurélienne et sur le contre-fort de San-Pietro-in-Montorio, fut celle qui eut le plus à souffrir. Elle fut obligée, vers quatre heures de l'après-midi, d'interrompre son feu et d'attendre la nuit pour se réparer. Les batteries romaines, de leur côté, éprouvèrent de graves avaries. Dès le milieu du jour, le tir de plusieurs d'entre elles se ralentit sensiblement. Celles de San-Pietro-in-Montorio cessèrent même leur feu avant la nuit ; elles avaient été désemparées par la batterie du bastion 7 et par les pièces de gauche de la batterie de la courtine.

Quant à la batterie de brèche n° 14, la mousqueterie et le canon de la place gênèrent son tir pendant les premières heures, sans produire, toutefois, de fâcheux résultats. Bientôt, au contraire, elle réussit à éteindre les feux directs du flanc qu'elle contre-battait, et elle ne fut plus inquiétée que par l'artillerie du bastion 9 et par la mousqueterie partant de la face gauche du bastion 8. A quatre heures du soir, les sections horizontales et verticales étaient tracées profondément dans le mur d'escarpe du flanc.

L'artillerie eut, dans cette journée, 3 officiers blessés (les capitaines Canu et Brisac, le lieutenant Tricoche), 2 canonniers tués et 10 canonniers blessés.

Dans la matinée, à neuf heures, le lieutenant-colonel du génie Ardant avait pris la direction des attaques, ayant sous ses ordres le capitaine Ragon, 3 brigades de sapeurs et 550 travailleurs d'infanterie.

La 4e parallèle et les boyaux en arrière furent complétés, et l'on apporta encore quelques améliorations à nos logements dans les bastions 6 et 7.

Au bastion 5, on donna le feu au fourneau préparé derrière le flanc droit pour y faire brèche. Mais cette mine n'eut d'autre résultat que de crevasser et de disloquer la maçonnerie, dont le parement extérieur fit un ventre d'environ 40 centimètres dans la partie correspondant aux poudres, sans qu'aucune portion de revêtement fût renversée : toute l'explosion avait eu lieu en dedans. Néanmoins, l'ébranlement des maçonneries avait été tel, que l'on put faire à la pioche, en très-peu de temps, l'ouverture nécessaire pour la communication [1].

A l'heure ordinaire, le général de tranchée fut relevé par le général Chadeysson, et l'officier supérieur de jour par le colonel d'Autemarre, du 53ᵉ de ligne.

Garde de la tranchée..
{ Un bataillon du 36ᵉ de ligne.
{ Un bataillon du 53ᵉ de ligne.
{ Une compagnie du 1ᵉʳ bataillon de chasseurs.

Dans cette journée du 27 juin, la division du général Gues-

---

[1] Ce fourneau avait été établi par les soins du lieutenant-colonel Leblanc, qui tenait à confirmer ce résultat des expériences faites en 1846 à *Bapaume*, qu'un mur est renversé par la charge d'un fourneau ordinaire, même quand la ligne de moindre résistance du côté des terres n'est que les trois quarts de la ligne de moindre résistance du côté du mur. Le fourneau du bastion 5 était chargé de 130 kilogrammes; il devait avoir, d'après ce qui avait été réglé par le lieutenant-colonel Leblanc, 4 mèt. 50 cent. de ligne de moindre résistance du côté de l'escarpe (jusqu'au parement extérieur), 5 mèt. 20 cent. du côté d'une tranchée creusée en arrière de l'escarpe, parallèlement au flanc, et 3 mèt. 50 cent. par rapport à la surface du sol. Mais l'exécution du travail modifia considérablement ces longueurs. Le sergent du génie auquel on l'avait confié ayant été blessé, ne put faire connaître, à celui qui vint le remplacer, que le puits de mine, en raison d'une difficulté du terrain, avait été commencé à 2 mètres plus en arrière que ne le comportait le croquis arrêté, et qu'on devait, par conséquent, regagner souterrainement, par un rameau horizontal, la position fixée pour le fourneau. Cette rectification du travail n'ayant pas été faite, il en résulta que la ligne de moindre résistance du côté du mur d'escarpe fut de 6 mèt. 50 cent. au lieu de 4 mèt. 50 cent., tandis que la distance à la tranchée ne fut plus que de 3 mèt. 20 cent. au lieu de 5 mèt. 20 cent.; aussi l'explosion eut-elle lieu de ce dernier côté.

viller (la 3ᵉ) fut réunie tout entière à Ponte-Molle. On détacha à cette division le chef d'escadron d'artillerie Devaux, avec la batterie de 12, et le chef de bataillon du génie Frossard, avec une compagnie de sapeurs, ainsi que plusieurs capitaines des deux armes. Le but de ce mouvement, qui devait avoir pour premier effet de partager l'attention de l'ennemi et de diviser ses forces, était de faciliter, quand il y aurait lieu, les dernières opérations du siége par une diversion, qui porterait les efforts d'une de nos divisions contre un côté de la place différent et éloigné de celui par lequel nous voulions, en réalité, pénétrer dans Rome.

Le général Guesviller, en conséquence, eut mission de faire une reconnaissance de l'enceinte du côté de la villa Borghèse, et d'aller même jusqu'à tenter une attaque de vive force, si cette partie des remparts se trouvait dégarnie de défenseurs.

On dira plus loin à quoi dut se borner la coopération de la division Guesviller.

Le feu de mousqueterie et d'artillerie de la place, qui s'était maintenu sans interruption toute la journée du 27, reprit une nouvelle force avec le jour. Par suite il n'y eut point de travaux faits en avant des logements dans les bastions, et l'on tenta tout aussi vainement que les deux nuits précédentes de couronner le mamelon de la casa Barberini. Une fusillade incessante empêcha de faire autre chose que le tracé de ce couronnement, au moyen de gabions qui ne furent qu'à moitié remplis.

24ᵉ nuit.
(Du 27 au 28 juin.)

Au dehors de l'enceinte, on déboucha de la *maison blanche* pour gagner le fossé de la courtine (7-8), en utilisant une tranchée ébauchée par l'ennemi, laquelle fut retournée contre la place et complétée. On prolongea cette tranchée sur la gauche, pour la rattacher au boyau partant de la 4ᵉ parallèle et établi la nuit précédente. En même temps on chemina, sur une longueur d'environ 40 mètres, dans une direction dont le prolongement aboutissait au Vascello; un retour de quelques mètres fut ménagé à l'extrémité de ce nouveau boyau, pour le couvrir contre l'enfilade d'une tranchée encore tenue par les Romains le long du chemin de San-Pancrazio.

A la gauche, on essaya de terminer et de prolonger le boyau qui n'avait été que tracé dans la dernière nuit, en avant de la maison Giacometti. Mais à peine ce travail fut-il commencé, qu'une très-vive fusillade partit des retranchements occupés par l'ennemi devant le Vascello, ainsi que du bastion 8. Il en résulta un peu de trouble dans cette partie de nos cheminements : la garde s'étant mise à tirailler pour répondre à ce feu, les travailleurs saisirent aussi leurs armes et abandonnèrent le boyau. Cette émotion se calma cependant : les travailleurs furent ramenés dans la tranchée et la besogne put être reprise ; mais elle avança peu ; et, comme on n'était pas à couvert quand vint le jour, il fallut évacuer de nouveau cette tranchée.

Le service de l'artillerie fut pris par le chef d'escadron Béret, qui eut sous ses ordres des détachements de 7 batteries et 300 travailleurs d'infanterie.

Dans les batteries n°s 11, 12, 13, qui avaient soutenu le feu pendant la journée du 27, toute la nuit fut employée à des réparations, nonobstant une fusillade assez nourrie qui inquiéta presque continuellement ces travaux.

Notre cavalerie, en battant cette nuit la campagne de Rome, enleva, sur la route d'Albano, et ramena au camp un convoi de plus de cent voitures chargées de vivres.

Nous eûmes, dans les vingt-quatre heures, 5 tués et 36 blessés, dont 3 officiers.

JOURNÉE DU 28 JUIN. *Chef d'attaque :* Le chef de bataillon du génie Goury, qui avait sous ses ordres le capitaine Gras, de l'état-major du génie, 3 brigades de sapeurs et 540 travailleurs fournis par l'infanterie.

On continua les travaux entrepris la nuit précédente, sauf toutefois dans le boyau avancé, à la gauche de la 4ᵉ parallèle, où le feu des remparts ne permit pas de placer des travailleurs.

Dès quatre heures du matin, les batteries nᵒˢ 11, 12, 13, rouvrirent leur feu; la place riposta immédiatement, mais avec un peu moins de vivacité que la veille. Enfin, à onze heures, après plusieurs interruptions dans le tir, occasionnées par le brouillard qui enveloppait quelquefois les positions de l'ennemi et les nôtres, l'artillerie romaine se trouva réduite à ne plus faire feu que de quelques pièces légères, lesquelles changeaient de position très-fréquemment et tiraient par-dessus les épaulements à moitié ruinés.

A partir de ce moment, la lutte entre l'artillerie de l'attaque et celle de la défense put être regardée comme terminée : le succès était décisif pour nous. Cette ceinture de feux, qui, en resserrant nos établissements dans les bastions 6 et 7, avait arrêté court notre marche à l'intérieur de l'enceinte, venait d'être rompue. L'attaque reprenait sa liberté de mouvements, et l'on pouvait, dès lors, prévoir un dénoûment très-prochain.

Il faut le dire, ce combat d'artillerie, qui dura un jour et demi, fut soutenu de part et d'autre avec une remarquable vigueur, avec beaucoup de persévérance et de bravoure.

De son côté, notre batterie nᵒ 14 avait continué, depuis le matin, à tirer en brèche contre le flanc gauche du bastion 8. A quatre heures et demie du soir, la muraille tomba; à huit heures, la brèche était à peu près praticable.

Les dispositions furent prises aussitôt pour livrer l'assaut pendant la nuit, en montant directement par la brèche du bastion 8, tandis qu'une autre colonne, à l'intérieur de l'enceinte, attaquerait de vive force ce bastion par la gorge; mais, vers neuf heures du soir, le général en chef fit prévenir les généraux commandant le génie et l'artillerie que, par suite d'un incident imprévu et de certaines considérations personnelles, l'assaut devait être remis à la nuit suivante (du 29 au 30).

C'était nous laisser vingt-quatre heures de plus pour compléter nos préparatifs : on les employa le plus utilement possible.

L'ennemi, dans la journée du 28, avait fait feu aussi de ses batteries de Saint-Alexis ; notre batterie n° 2 riposta et les réduisit au silence. Quant à celle du Testaccio, elle paraissait tout à fait désemparée ; c'était sans doute les pièces de cette batterie que les Romains avaient reportées dans les jardins de Saint-Alexis, en augmentation de celles qui s'y trouvaient déjà.

Le colonel Chenaux du 66°, et le colonel Bosc du 32° de ligne, prirent le service de général et d'officier supérieur de tranchée.

Garde de la tranchée [1].
- Un bataillon du 53° de ligne.
- Un bataillon du 68° de ligne.
- Une compagnie du 1ᵉʳ bataillon de chasseurs.

25ᵉ NUIT.
(Du 28 au 29 juin.)

On continua les cheminements contre le bastion 8, en établissant à la sape volante une 5ᵉ parallèle, qui allait du chemin de San-Pancrazio vers la *maison blanche,* et se rattachait à la tranchée faite de ce côté dans la précédente nuit. Du point de jonction, on poussa directement, vers l'angle d'épaule gauche du bastion 8, une sape volante qu'on voulait utiliser pour y rassembler, à proximité de la brèche, les troupes destinées à donner l'assaut à ce bastion. Le tracé de cette sape fut disposé en crémaillère pour en faciliter le défilement : comme, d'ailleurs, l'ennemi ne pouvait plus se tenir près du flanc qui avait été abattu, la tranchée dont il s'agit se trouvait, par son tracé, suffisamment défilée de toute la partie du bastion encore occupée par les Romains.

[1] Le 28 et les jours suivants, les gardes, qui jusqu'alors avaient été relevées à quatre heures du soir, furent relevées à six heures.

Ces travaux s'exécutèrent presque sans pertes.

Enfin, à l'extrémité du jardin de la villa Corsini, on put s'avancer jusqu'à près de 80 mètres du Vascello, en cheminant à travers les vignes et en profitant de quelques parties des tranchées que l'ennemi avait exécutées en façon de contre-approches.

Le chef d'escadron d'artillerie Soleille prit, à l'heure ordinaire, le service de la tranchée, ayant sous ses ordres des détachements de 4 batteries et 300 travailleurs d'infanterie.

Pendant cette nuit, l'artillerie se borna à diriger sur le bastion 8 le feu de ses mortiers de 22 centimètres, pour empêcher l'ennemi de retrancher la brèche du flanc gauche et de faire, en arrière de ce flanc, des travaux dans la *casa Merluzzo*, laquelle commandait la brèche de très-près. Vers minuit, les Romains mirent eux-mêmes le feu à cette maison.

Nos batteries n°^{s} 11, 12, 13, firent à leurs épaulements quelques réparations indispensables.

Dans la soirée du 28 le général Guesviller fit partir de Ponte-Molle une colonne composée de 2 bataillons d'infanterie, d'un détachement de la compagnie de sapeurs et de 25 chasseurs à cheval, sous le commandement du général de brigade Sauvan, qui se dirigea sur Tivoli, à l'effet d'y détruire la poudrerie d'où les Romains tiraient presque tout leur approvisionnement. Cet établissement contenait encore plusieurs quintaux de poudre confectionnée et une assez grande quantité de salpêtre et de soufre. Toutes ces matières furent jetées à l'eau; on brisa les machines à pilons, on incendia les constructions en bois, et l'on détruisit complétement cette fabrique, qui avait fourni aux défenseurs près de 1,300 kilogrammes de poudre par jour.

La colonne revint, dans la journée du 29, sans avoir rencontré de résistance. Ce mouvement fut appuyé par la cavalerie, qui ramena environ 180 voitures se dirigeant sur Rome : la plupart étaient chargées de vin et quelques-unes de poudre.

Nos pertes, dans les vingt-quatre heures, furent de 2 tués et 14 blessés, dont 3 officiers.

JOURNÉE DU 29 JUIN.
A neuf heures, le chef de bataillon du génie Galbaud-Dufort releva le chef d'attaque; il eut sous ses ordres les capitaines Regnault et Prévost et 4 brigades de sapeurs.

Dès le matin, la batterie n° 14 avait reçu l'ordre de détruire par son canon la maison Savorelli, située en arrière de la gorge du bastion 9, et qui, à raison de sa position élevée, aurait pu plonger et rendre difficile, par ses feux de mousqueterie, le logement à établir dans le bastion 8. Le tir des trois pièces de la batterie contre cet édifice avait déjà produit d'excellents résultats, lorsque le chef d'attaque prévint le commandant de l'artillerie que l'ennemi avait été vu travaillant à un retranchement intérieur qui s'appuyait à l'orillon du flanc mis en brèche, et qu'il était urgent de renverser également cet orillon. Les deux pièces de gauche de la batterie n° 14 dirigèrent aussitôt leurs boulets sur ce point, tandis que la pièce de droite continua seule à ruiner le bâtiment Savorelli. Ce tir, maintenu avec une grande activité, malgré la chaleur du jour, eut un plein succès : vers trois heures de l'après-midi, la brèche de l'orillon se trouvait presque entièrement faite. La batterie, dès ce moment, ralentit son feu et ne chercha plus qu'à adoucir le talus des terres et des maçonneries éboulées. A la fin de la journée, la brèche était praticable sur toute la longueur du flanc.

Pendant ce temps, la batterie n° 10 continua de tirer contre le bastion 9; et, à l'autre extrémité des attaques, la batterie n° 2 s'efforça de réduire au silence les pièces que les Romains avaient transportées dans le jardin de Saint-Alexis, et qui se trouvaient en grande partie masquées par le mur adjacent de l'église; mais nos boulets n'atteignaient pas les embrasures de ces pièces, dont le feu ne put jamais être éteint [1].

L'ennemi, dans toute cette journée du 29, montra du canon de campagne sur différents points; il tira beaucoup contre nos communications, et notamment sur le dépôt des munitions de l'artillerie, qui était installé à gauche de la *maison des six volets verts*.

A six heures du soir, le général de tranchée fut relevé par le général Levaillant (Charles), qui eut sous ses ordres le lieutenant-colonel de Liniers, du 53ᵉ de ligne.

Garde de la tranchée..
- Un bataillon du 22ᵉ léger.
- Un bataillon du 32ᵉ de ligne.
- Un bataillon du 53ᵉ de ligne.
- Une compagnie du 1ᵉʳ bataillon de chasseurs.
- Une compagnie du 2ᵉ bataillon de chasseurs.

Le chef d'escadron Bourdeau prit le commandement de l'artillerie à la tranchée, ayant sous ses ordres des détachements de 6 batteries et 150 travailleurs d'infanterie.

26ᵉ NUIT.
(Du 29 au 30 juin.)

Comme on l'a dit plus haut, la brèche faite au flanc gauche du bastion 8 avait été reconnue très-praticable, bien qu'elle fût encore un peu embarrassée par les gros blocs de maçonnerie que le canon avait abattus. Le général en chef décida que l'assaut serait donné dans la nuit du 29 au 30.

L'ennemi s'était préparé à faire une vigoureuse résistance dans le bastion 8. Quatre pièces d'artillerie en batterie derrière le mur Aurélien, dans la partie qui vient se rattacher à l'angle de gauche de la courtine (8-9), étaient prêtes à faire feu sur la brèche. On aper-

[1] La batterie romaine en avant de l'église de *Santa-Maria del Priorato* ne tirait plus alors qu'avec deux pièces; elle n'en eut même qu'une seule dans les derniers moments du siège.

cevait très-distinctement leurs embrasures en regardant, avec un peu d'attention, du bastion 6; et il y avait à se préoccuper des effets de cette batterie, encore intacte, accueillant à coups de mitraille une colonne qui déboucherait devant elle à 140 mètres de distance. Les défenseurs, pour laisser à leur artillerie toute liberté d'agir, s'étaient adossés aux deux faces du bastion et s'étaient protégés par des tranchées. Un peu en arrière de la face gauche et près du saillant, un petit pavillon hexagonal, que notre canon n'avait pu ruiner, était fortement occupé. Enfin, les travaux qu'on avait vu exécuter au sommet de la brèche, faisaient supposer que l'ennemi voulait employer aussi les mines pour sa défense.

Les dispositions arrêtées d'avance, sur la proposition du général commandant le génie, et complétées au moment même de l'assaut, furent les suivantes :

« Le soir du 29, seront commandées pour l'assaut six compa« gnies d'élite fournies par les six régiments de la division Rostolan « (la 2ᵉ). Elles formeront deux colonnes, l'une d'*attaque*, l'autre « de *réserve*, chacune sous les ordres d'un chef de bataillon.

« La 1ʳᵉ colonne, composée de trois compagnies des 22ᵉ léger, « 32ᵉ et 53ᵉ de ligne, sera commandée par le chef de bataillon « Lefebvre, du 53ᵉ; elle aura avec elle 30 sapeurs et un officier « du génie.

« La 2ᵉ colonne, formée de trois compagnies des 36ᵉ, 66ᵉ et « 68ᵉ de ligne, aura pour commandant le chef de bataillon Le« rouxeau, du 68ᵉ; on y adjoindra aussi 30 sapeurs et un officier « du génie.

« La colonne d'attaque sera massée au pied de la brèche du « bastion 7, dès deux heures du matin, le 30. Au signal donné « par le colonel Niel, elle se portera sans bruit à la brèche du bas« tion 8; si elle rencontre des obstacles, elle essayera de les « tourner, en même temps qu'elle les abordera de front.

« Aussitôt que cette colonne sera montée, un détachement de

« travailleurs, composé de trois compagnies d'élite, gravira la
« brèche, portant des gabions, et s'établira pour faire les loge-
« ments, dès que l'officier du génie chargé de le conduire en
« donnera l'ordre. Ces compagnies auront également avec elles un
« détachement de 30 sapeurs ; elles seront fournies par les 17e,
« 20e et 33e de ligne. Un officier d'état-major ira les prendre à
« Pamfili et les amènera au pied du bastion 7.

« Un peu avant que la colonne d'attaque franchisse la brèche
« du bastion 8, une troisième colonne dite *de soutien,* forte de
« trois compagnies d'élite prises dans les bataillons de tranchée
« (22e léger, 32e et 53e de ligne), sortira des logements établis
« dans le bastion 7[1]. Deux de ces compagnies se porteront en
« avant de ces logements, aborderont les tranchées de l'ennemi,
« et tueront tout ce qui s'y trouvera, tandis que la 3e compagnie
« ira, au pas de course, tourner le bastion 8 par sa gorge, et enlè-
« vera la batterie de quatre pièces qui bat le sommet de la brèche.
« Cette colonne, qui sera commandée par le chef de bataillon
« Laforêt, du 22e léger, aura aussi avec elle 30 sapeurs sous les
« ordres d'un officier du génie. Ses deux premières compagnies,
« dès qu'elles auront fait main basse sur les défenseurs des tran-
« chées romaines, reviendront se masser dans nos cheminements
« et se tiendront prêtes à en sortir de nouveau et à marcher contre
« l'ennemi s'il tentait un retour offensif.

« Aussitôt que les travailleurs seront en train de remplir les ga-
« bions, la colonne d'attaque du bastion 8 rentrera dans l'ouvrage
« tracé par l'officier du génie. A cet effet, on devra laisser un pas-
« sage ou intervalle à droite et à gauche pour faciliter la rentrée
« de ces troupes.

« La colonne formant *réserve* devra également être massée, à

[1] Des gradins de franchissement avaient été disposés d'avance dans ces logements, de manière à permettre à nos troupes de déboucher facilement et sur un grand front.

« deux heures du matin, dans le fossé de la courtine (7-8), pour
« monter, au besoin, dans le bastion et en soutenir les travailleurs.

« Dans le cas où l'on tirerait des coups de fusil de la maison
« qui touche au flanc du bastion 8 mis en brèche, il faudrait y
« pénétrer, tuer tous ceux qu'on y rencontrerait et l'évacuer immé-
« diatement, afin d'éviter les mines qui pourraient y avoir été
« préparées. Si l'ennemi ne fait pas feu de la maison, on devra se
« garder d'y entrer tout de suite.

« Quelques pièces du bastion 6 et de la courtine (6-7) devront
« être chargées à mitraille, prêtes à tirer sur l'ennemi en cas de
« retours offensifs.

« Le lieutenant-colonel Espinasse, du 22e léger, aura le com-
« mandement supérieur des quatre colonnes d'attaque, de soutien,
« de réserve et de travailleurs. Les compagnies d'élite qui les
« composeront seront fortes de 100 hommes au moins et seront
« complétées en officiers et sous-officiers.

« En outre de ces colonnes, la garde ordinaire de la tranchée
« sera augmentée d'un 3e bataillon que fournira le 22e léger, et
« qui sera placé de manière à soutenir les compagnies destinées
« à s'emparer du bastion 8. Une compagnie du 2e bataillon de
« chasseurs à pied marchera avec ce bataillon.

« Le général de brigade Levaillant (Charles) aura sous ses ordres,
« en qualité de général de tranchée, les trois bataillons de garde.

« La tenue devra être aussi régulière que possible; les troupes
« composant les colonnes d'attaque, la réserve, ainsi que les trois
« bataillons de tranchée, seront sans sacs. Elles auront en sautoir
« l'étui d'habit, tenu par la grande courroie du sac; les quarante
« cartouches de réserve et une ration de biscuit seront renfermées
« dans cet étui. Les travailleurs seront dans la tenue habituelle. »

Assaut donné au bastion 8.

L'exécution de ces prescriptions eut, comme on va le voir, les plus heureux résultats.

Pendant la soirée et jusque vers deux heures du matin, notre batterie de mortiers, la batterie de brèche n° 14 et celle des bastions 6 et 7 tirèrent, pour empêcher les travaux défensifs de l'ennemi sur les points où l'attaque allait nous porter.

Un violent orage survenu avant la nuit avait inondé toutes nos tranchées; elles étaient devenues presque inhabitables. Cette circonstance jeta un peu de confusion dans les mouvements des troupes qu'il y avait à réunir, et retarda les préparatifs de l'assaut.

Néanmoins, à deux heures un quart, au moment où les premières lueurs du jour commençaient à paraître[1], toutes les dispositions ayant été prises, sous les yeux mêmes du général commandant le génie, qui avait à pourvoir aux éventualités, la colonne intérieure aux ordres du commandant Laforêt, dont le mouvement devait précéder celui des troupes du dehors, reçut ordre de déboucher du bastion 7; et, quelques instants après, le colonel Niel, chef d'état-major du génie, donnait le signal de l'assaut du bastion 8.

Aussitôt la première colonne, commandée par le chef de bataillon Lefebvre et de laquelle faisait partie une brigade de sapeurs dirigée par le capitaine du génie Doutrelaine, gravit la brèche, malgré une vive fusillade. Arrivée au sommet, elle eut à défiler par une étroite ouverture de 2 mètres seulement, entre les ruines de l'orillon et celles de la grande maison qui existait en arrière du flanc[2]. Cet obstacle arrêta sa marche; elle eut grande peine à le franchir. Nos soldats, cependant, prirent pied

---

[1] Le 29 juin est le jour de la fête solennelle de Saint-Pierre. Le Gouvernement romain, malgré les préoccupations de la défense, et peut-être pour chercher à donner aux esprits une confiance qu'il ne pouvait plus guère avoir lui-même, avait voulu que la basilique de Saint-Pierre fût illuminée ce soir-là, suivant l'usage. La magnifique illumination de ce dôme colossal, qui causa autant de surprise que d'admiration à nos soldats, dura toute la nuit, et éclaira en quelque sorte toutes les phases de cette dernière lutte.

[2] La casa Merluzzo.

sur le terre-plain et gagnèrent du terrain. Mais, dès les premiers pas dans le bastion 8, le commandant Lefebvre fut blessé; cet accident fut sans doute ce qui fit dévier la colonne de la direction qu'elle aurait dû suivre : au lieu d'appuyer à gauche, comme il le lui avait été recommandé, et de chasser les défenseurs des positions qu'ils avaient prises le long des faces du bastion, elle se jeta à droite dans une grande tranchée que l'ennemi avait faite à la gorge du bastion, tant pour la protection et la défense de cette gorge que pour la sûreté des communications entre le mur Aurélien et la maison Merluzzo. Toutefois, la tête de la colonne, conduite par le capitaine Doutrelaine, arriva bientôt sur la batterie romaine, où se trouvait déjà le lieutenant du génie Brière, ainsi qu'on le dira ci-après. Une autre partie de cette même colonne franchit le mur Aurélien et se porta sur les bâtiments qui couvrent la porte San-Pancrazio. Le reste s'arrêta dans la tranchée pour répondre au feu des défenseurs.

Les trois compagnies de travailleurs venaient après cette première colonne, ayant à leur tête le chef de bataillon Galbaud-Dufort, aide de camp du général commandant le génie, et le capitaine Regnault. Ces deux officiers s'occupèrent sans retard de tracer un logement partant de la maison Merluzzo et se dirigeant vers le milieu de la face gauche du bastion; mais à peine les premiers gabions étaient-ils posés, que le commandant Galbaud-Dufort tomba mortellement blessé sous le feu partant du petit pavillon, qui ne fut enlevé qu'à la suite du mouvement de la colonne d'attaque de droite venue du bastion 7.

Cette colonne, commandée par le chef de bataillon Laforêt, avait reçu, comme on l'a dit, l'ordre de se fractionner en deux parties. Elles s'élancèrent hors de nos cheminements un peu avant le signal donné pour l'assaut du bastion 8; une grêle de balles les accueillit à leur sortie des tranchées. La fraction de droite, forte de deux compagnies, et de 15 sapeurs commandés par le lieutenant Brière, se jeta immédiatement sur la grande tranchée romaine encore occupée par les défenseurs en arrière du front (6-7), tua tout ce qu'elle y trouva, courut à un autre petit logement qu'elle enleva également, escalada le mur Aurélien et pénétra jusqu'à la villa Spada, qu'elle attaqua sans y entrer. De là, les sapeurs et les voltigeurs tournèrent à gauche et atteignirent la batterie romaine, dont ils s'emparèrent après avoir tué ou dispersé ceux qui la défendaient.

La fraction de gauche de cette même colonne, que le chef de bataillon Laforêt avait voulu conduire lui-même, ne se composait que de la compagnie de carabiniers du 22e léger et de 15 sapeurs commandés par le capitaine du génie Prévost. Elle se dirigea, par la voie la plus courte, sur la gorge du bastion 8 et la batterie de 4 pièces du mur Aurélien, avec résolution d'agir rapidement et de ne combattre qu'à la baïonnette. Mais il lui fallut d'abord enlever une tranchée ennemie sur la courtine (7-8), d'où partait une fusillade des plus vives, puis franchir les retranchements qui barraient la gorge du bastion, ce qui retarda un peu sa marche et fit qu'elle n'arriva sur la batterie que quelques instants après le détachement de droite; elle s'y trouva rendue assez tôt cependant pour concourir énergiquement à la prise de la batterie. Le capitaine Prévost et le lieutenant Brière firent boucher avec des sacs à terre les embrasures de cette batterie, enclouer une de ses pièces et briser les affûts des autres.

Pendant ce temps, les défenseurs du bastion, retirés vers le saillant et occupant encore le petit pavillon hexagonal, continuaient de faire une vive fusillade. On revint de la batterie sur ce point: le pavillon fut enlevé; on y tua un certain nombre d'hommes; une cinquantaine d'autres furent faits prisonniers.

Cette dernière action, due à la coopération rapide et bien combinée des deux colonnes d'attaque, sous la direction du lieutenant-colonel Espinasse, nous rendit tout à fait maîtres du bastion 8, dégagea les travailleurs et permit de commencer l'exécution des logements.

Le jour paraissait; toutes les maisons qui avaient vue sur le bastion s'étaient déjà remplies de tirailleurs ennemis dont le feu plongeait sur le terrain occupé par nous. Nos soldats, répandus au delà de l'enceinte Aurélienne, engagèrent une fusillade contre ces maisons. Deux compagnies de la colonne de réserve, que commandait le chef de bataillon Lerouxeau, furent envoyées alors pour les soutenir et pour faciliter leur retraite dans le bastion 8, aussitôt que nos logements y seraient établis.

Le lieutenant-colonel du génie Ardant, dès que fut connue la blessure du commandant Galbaud-Dufort, reçut l'ordre de le remplacer comme chef d'attaque. Il prit immédiatement la direction des travaux.

Une gabionnade fut établie le long du flanc droit du bastion 8 et à 12^m de la crête du mur, afin qu'elle pût être conservée alors même que le mur viendrait à être démoli par l'artillerie que l'ennemi avait disposée sur le flanc gauche du bastion 9. On ferma par une gabionnade transversale le fossé de l'enceinte Aurélienne, à droite de la batterie romaine. On utilisa, de ce côté, en l'élargissant, un massif qui servait de traverse à ladite batterie, et on le prolongea suffisamment pour avoir un bon flanquement extérieur, perpendiculaire à la vieille enceinte ; puis, de ce flanc jusqu'au flanc droit du bastion 8, on convertit en logements pour nos soldats la communication faite primitivement par l'ennemi, mais qu'il fallut couper de traverses, sous un feu très-nourri qui la prenait d'enfilade.

La longue tranchée romaine, partant d'une ouverture faite près de la batterie dans le mur Aurélien et aboutissant à la casa Merluzzo, près du flanc gauche du bastion, présentait un demi-couvert dont on s'empressa de profiter aussi : on la couronna de gabions sur toute sa longueur, et on mit son extrémité en communication avec la brèche par un système de boyaux en sape double.

La rampe de la brèche fut adoucie. On la fit communiquer également avec la maison Merluzzo, dont la terrasse fut surmontée d'un couronnement en sacs à terre. Toutes ces opérations devinrent très-difficiles au jour; le lieutenant Brière et quelques travailleurs y furent blessés. Les travaux de la gorge et du flanc droit du bastion furent dirigés avec beaucoup d'entente et de fermeté par les capitaines Regnault, Prévost, Doutrelaine, et le lieutenant Guillemard. L'ennemi nous y blessa aussi plusieurs hommes, parce qu'il faisait tout à fait jour avant qu'on eût pu se mettre complétement à couvert. Lorsque les logements du bastion 8 eurent acquis un peu de consistance, on rappela tous les tirailleurs éparpillés en dehors, vers la porte San-Pancrazio principalement. Les derniers ne rentrèrent qu'au grand jour. On ferma ensuite le passage du mur Aurélien, par lequel ils avaient effectué leur retraite.

Le succès était complet; le bastion 8 tout entier et la tête de la première enceinte Aurélienne étaient conquis; la possession de ces points se trouvait assurée. Nos troupes avaient montré un élan et une bravoure dignes d'éloges[1].

On doit faire remarquer combien la coopération de la colonne de soutien partie du bastion 7 fut efficace; cette colonne avait tourné toutes les défenses de l'ennemi, et avait mis en notre pouvoir, par la célérité de son mouvement, la batterie dirigée contre la brèche. Dans le bastion 8, les travailleurs, il est vrai, avaient été d'abord laissés en prise aux feux des défenseurs de ce bastion, mais ce fut à cause de la direction suivie par la colonne d'assaut, qui, contrairement à ses instructions, s'était jetée trop à droite et avait dépassé l'ennemi, en le laissant sur sa gauche, au lieu de le chasser devant elle.

---

[1] Voir la lettre, en date du 2 juillet, que le général commandant le génie adressa au ministre de la guerre pour lui rendre compte de l'assaut du 30 juin. (Pièce n° 25.)

Les Romains eurent, dans cette affaire, environ 400 morts, qui demeurèrent épars sur tout le terrain parcouru par nos colonnes. Les canonniers de la batterie du mur Aurélien furent presque tous tués sur leurs pièces; quelques-uns, appartenant à l'artillerie suisse, tentèrent vainement d'emmener deux de leurs canons. Six bouches à feu en totalité furent ou enclouées ou mises hors de service sur ce point.

L'assaut nous coûta 1 officier et 18 soldats tués sur place, 7 officiers et 90 soldats blessés. Le chef de bataillon du génie Galbaud-Dufort, aide de camp du général Vaillant, avait été frappé à mort; il succomba à ses blessures quelques jours après [1].

En même temps que s'exécutaient les logements dans le bastion 8, on fit quelques travaux de tranchée au dehors de l'enceinte. Ainsi, au pied du saillant 8, on barra le fossé par une sape tracée perpendiculairement à la face gauche; cette coupure avait pour objet d'empêcher un retour offensif de l'ennemi par ce fossé. On établit aussi une longue communication à partir de la batterie n° 14 jusqu'au pied de la courtine (7-8), en passant près de l'épaule droite du bastion 7, dans le but de pouvoir gagner la nouvelle brèche à couvert des coups qui venaient encore du bastion 9. A ce dernier travail, que dirigea le capitaine du génie Darceau, il y eut un homme tué et un blessé.

Il a été dit plus haut que la division du général Guesviller, réunie à Ponte-Molle, avait reçu mission d'opérer, du côté de la porte *del Popolo*, une diversion qui pouvait même, s'il y avait lieu, être poussée jusqu'à une tentative d'attaque de vive force, à

---

[1] Cet officier, si remarquable par sa capacité et son caractère, s'était trouvé de service aux trois opérations principales du siège, l'ouverture de la tranchée et les assauts des 21 et 30 juin. Il mourut, le 11 juillet, à Rome, où l'on avait pu le transporter. L'armée, que sa mort contrista, lui fit de solennelles funérailles à l'église de *Saint-Louis-des-Français*, où ses restes sont déposés.

l'effet de diviser les efforts de l'ennemi et de faciliter ainsi l'assaut qui se préparait. Le général Guesviller fit faire des reconnaissances dans ce but et organiser à l'avance les moyens d'attaque ; mais, aussitôt que l'ennemi aperçut le mouvement et ces apprêts, qu'il était difficile de lui dérober, il s'empressa de renforcer, sur ce point, ses dispositions défensives et de garnir d'artillerie les parties principales de la ligne de retranchements qui s'étendait de la villa Borghèse au Tibre. Dès lors, la tentative projetée n'avait plus chance de réussir, et le général Guesviller dut se borner à venir, dans la nuit du 29 au 30, avec une colonne composée de trois bataillons, de la compagnie de sapeurs et de 4 pièces de la batterie de 12, prendre position sur les hauteurs voisines de la villa Borghèse. L'artillerie, protégée par des tirailleurs embusqués, s'étant établie sur un point culminant, à 900 mètres environ de la porte del Popolo, commença, une heure avant l'assaut, une canonnade qui se prolongea jusqu'à trois heures du matin. Les projectiles de cette batterie, pénétrant dans le Corso, jetèrent l'alarme au sein de ces quartiers, les plus éloignés de notre attaque réelle et qui se croyaient à l'abri de toute atteinte. L'artillerie de la place riposta très-vivement, mais sans nous faire éprouver de perte sensible. La colonne du général Guesviller reprit ses bivouacs, à Ponte-Molle, un peu avant qu'il fît grand jour.

Du côté opposé, pendant cette même nuit, les pièces de la marine, placées sur la hauteur au nord de la basilique de San-Paolo, envoyèrent aussi des boulets et des obus sur la ville, pour contribuer à augmenter l'inquiétude parmi les défenseurs. Cette diversion avait lieu au moment même où les Romains faisaient une nouvelle tentative pour incendier notre pont de bateaux de Santa-Passera ; en effet, durant l'assaut, plusieurs petites barques chargées de matières incendiaires, de boîtes de poudre, de grenades en verre, etc., furent lancées sur le Tibre pour venir s'échouer contre le pont et y communiquer le feu ; mais les cinquenelles tendues obliquement en amont les firent dévier et aborder à la rive droite, où les pontonniers et les matelots noyèrent tout ce qui était enflammé, comme on l'avait fait une première fois dans la nuit du 10 au 11 juin.

JOURNÉE DU 30 JUIN. Aussitôt que le jour fut tout à fait venu, nos batteries des bastions 6 et 7 et la pièce de gauche de la courtine[1] tirèrent sur les batteries romaines établies près de San-Pietro-in-Montorio. L'ennemi montrait encore du canon sur ces positions; mais son feu, après quelques heures de durée, fut presque entièrement éteint. Les batteries des bastions continuèrent à tirer pour démolir les maisons où s'étaient logés les tirailleurs ennemis; et les mortiers de 15 centimètres lancèrent leurs bombes sur les endroits couverts d'où partait la mousqueterie. La batterie n° 10 tira de nouveau sur la brèche du bastion 9, pour la compléter, mais avec trois pièces seulement; une autre de ses pièces continua son feu sur la porte San-Pancrazio, tandis que la cinquième battait la maison Savorelli.

Enfin, notre batterie n° 2 dirigea une centaine de boulets contre l'artillerie qui était près de l'église Saint-Alexis, et qui fut obligée de changer plusieurs fois de place pour échapper à nos coups.

Les trois brigades de sapeurs, de service dans le bastion 8, furent relevées à six heures du matin par trois autres; on releva aussi, mais un peu plus tard, les travailleurs d'infanterie : on n'en fit monter que 150 dans le bastion, qui était encombré de monde; 100 hommes restèrent au dehors.

A neuf heures, le lieutenant-colonel du génie Leblanc prit le service de la tranchée, ayant sous ses ordres le capitaine Ragon,

---

[1] Les trois autres pièces ne pouvaient plus faire feu; leurs embrasures et la partie du terre-plain sur laquelle elles reposaient avaient été bouleversées.

SIÉGE DE ROME. 145

et les travailleurs, tant du génie que de l'infanterie, dont on vient de parler.

Le feu dirigé contre nos tranchées fut encore très-vif pendant quelque temps, et particulièrement contre notre établissement devant la batterie romaine du mur Aurélien ; on parvint néanmoins à terminer les traverses commencées pour couvrir la communication avec ce logement.

Vers midi, les défenseurs cessèrent tout à coup de tirer. Un parlementaire vint demander un armistice pour pouvoir enlever les morts et les blessés qui étaient gisant çà et là sur tout le terrain des combats de la nuit. Le général de tranchée acquiesça à cette demande. On put dès lors, des deux côtés, se livrer à ce pieux devoir, à l'aide de moyens de transport improvisés sur les lieux, en se guidant réciproquement dans ses recherches, et en faisant souvent de mutuels échanges. Les blessés qui n'avaient pu encore être relevés, Français ou Romains, reçurent indistinctement les soins des officiers de santé des deux partis, sur le terrain même de la lutte, encore tout couvert des lances aux flammes rouges de la compagnie des gardes de Garibaldi, qui, au moment de l'assaut, étaient chargés de défendre la batterie et dont beaucoup avaient péri.

Cette scène présenta un caractère émouvant ; le général en chef en fut témoin, ainsi qu'une grande partie de l'état-major de l'armée française.

L'assaut de la dernière nuit avait produit une grande sensation dans Rome. L'ennemi, frappé de la persévérance de nos attaques, de la vigueur de nos soldats dans les rencontres à la baïonnette, découragé par les pertes qu'il venait d'éprouver, et sachant d'ailleurs que l'appui sur lequel il avait compté pour sa cause, en France, lui avait échappé au 13 juin, l'ennemi reconnaissait qu'il ne lui restait aucune chance de succès. Quelques pas de plus, quelques instants encore, et nous nous trouvions portés, sans avoir

La place demande à capituler.

pour ainsi dire, aucun nouvel obstacle à surmonter, non-seulement dans le bastion 9, mais même sur la position de San-Pietro-in-Montorio, d'où la ville tout entière serait dominée et maîtrisée par notre canon. A moins donc de se résigner à appeler la destruction sur une grande partie de la cité, toute résistance ultérieure était devenue impossible. Garibaldi, qui avait été l'âme de la défense, ne dissimula pas au triumvirat romain cette situation extrême et la nécessité à laquelle on se trouvait réduit.

Dans l'après-midi de ce même jour, la place demanda à capituler.

Les travaux d'attaque n'en furent pas moins poussés avec la même ardeur, mais ils ne rencontrèrent plus d'opposition de la part de l'ennemi.

A quatre heures, le colonel de Leyritz, du 68ᵉ de ligne, ayant sous ses ordres le lieutenant-colonel Chapuis, du 32ᵉ, prit les fonctions de général de tranchée.

Garde de la tranchée..
{
Un bataillon du 20ᵉ de ligne.
Un bataillon du 33ᵉ de ligne.
Un bataillon du 36ᵉ de ligne.
Une compagnie du 1ᵉʳ bataillon de chasseurs.
Une compagnie du 2ᵉ bataillon de chasseurs.
}

Dans la soirée, le chef d'escadron d'artillerie Béret releva le commandant Bourdeau. Il eut sous ses ordres des détachements des batteries qui avaient fait feu les jours précédents et 150 travailleurs d'infanterie.

27ᵉ NUIT,
(Du 30 juin au 1ᵉʳ juillet.)

A la nuit, on s'établit avec deux compagnies dans l'édifice appelé *le Vascello* Ce bâtiment, que nous prenions presque à revers, de notre établissement dans le bastion 8, et dont les communications avec la place étaient, par là même, devenues impraticables, avait dû être évacué par les Romains à la suite de l'assaut du 30 juin. Ses défenses, bien que fortement endommagées par notre canon, se trouvaient cependant encore dans un état assez respectable pour qu'on eût acheté chèrement la possession de ce poste, si l'on eût voulu l'enlever de vive force en l'attaquant directement. L'ennemi avait pris ses dispositions pour faire sauter le bâtiment tout entier avant de nous l'abandonner : des fourneaux de mines, déjà tout chargés et amorcés, furent trouvés sous les piliers des angles ; quelques boîtes remplies de poudre avaient été préparées et placées, dans ce même but, en divers points de l'étage; et de vastes amas de matières incendiaires n'attendaient qu'une étincelle pour s'enflammer. Des tranchées étaient établies en arrière de l'édifice pour assurer les communications et la retraite des défenseurs, et aussi pour arrêter, au besoin, notre poursuite. La prise du bastion 8 avait rendu toutes ces dispositions inutiles.

Sur la droite, nous marchâmes à la sape volante vers le bastion 9, en faisant un cheminement en zigzags devant la face droite du bastion 8 et en reliant ce cheminement avec le bâtiment même du Vascello, au moyen d'une tranchée de 110 mètres de longueur.

Les travaux à l'intérieur du bastion 8 furent continués sans être aucunement interrompus, le feu de la place ayant cessé partout.

Notre artillerie resta en position; seulement elle s'occupa de remettre ses batteries en état de recommencer leur tir au premier signal.

A neuf heures du matin, le chef de bataillon du génie Goury prit le service de la tranchée, ayant sous ses ordres le capitaine Gras, trois brigades de sapeurs et 240 travailleurs fournis par l'infanterie.

JOURNÉE DU 1ᵉʳ JUILLET.

Les négociations ouvertes pour la reddition de la place n'ayant pas encore donné de résultats, la marche des travaux d'attaque dut se poursuivre.

On perfectionna, dans la journée du 1ᵉʳ juillet, les logements du bastion 8 ; on élargit les tranchées pratiquées au dehors devant sa face droite, et l'on adoucit la rampe de la brèche de ce bastion afin de pouvoir, s'il y avait lieu, y amener de l'artillerie. Enfin on déblaya une partie des décombres du Vascello.

A l'heure ordinaire de relevée, le colonel d'Autemarre, du 53ᵉ de ligne, prit le service de général de tranchée. Le lieutenant-colonel Tarbouriech, du 36ᵉ de ligne, lui fut adjoint.

Garde de la tranchée..
- Un bataillon du 66ᵉ de ligne.
- Un bataillon du 68ᵉ de ligne.
- Une compagnie du 2ᵉ bataillon de chasseurs.

Le chef d'escadron Devaux releva, à 6 heures du soir, le commandant de l'artillerie à la tranchée. Il avait sous ses ordres des détachements de six batteries et 200 travailleurs d'infanterie.

28ᵉ NUIT.
(Du 1ᵉʳ au 2 juillet.)

Nous nous établîmes dans la sape double que les Romains avaient exécutée, pendant le siège, entre le fossé du bastion 9 et le Vascello, et qui leur servait de communication couverte avec ce bâtiment; mais il fallut y organiser des traverses pour le défilement. On profita aussi d'une autre tranchée plus à gauche, faite également par les Romains ; et, à 30 mètres de la face gauche du bastion, on amorça parallèlement à cette face une place d'armes dans laquelle l'artillerie se proposait d'élever une batterie pour compléter la brèche commencée, dans le cas où les hostilités seraient reprises. On ne pouvait, en effet, supposer que cette brèche fût, pour ainsi dire, déjà praticable à une colonne d'assaut, attendu que la batterie n° 10, placée d'ailleurs à près de 400 mètres, n'avait pu battre l'escarpe que sur la moitié tout au plus de sa hauteur.

L'entrée du Vascello fut reliée à la 5ᵉ parallèle par une tranchée, pour ajouter à la facilité de nos communications.

Enfin, près de la jonction du bastion 8 avec le mur Aurélien et la courtine (8-9), on fit un petit cheminement courbe qui nous permettait d'arriver de plain-pied sur le chemin de ronde de la courtine.

L'artillerie dut arrêter à l'avance les dispositions qu'elle aurait à prendre, si la lutte recommençait, pour soutenir et hâter la marche ultérieure des attaques. Outre la batterie que l'on croyait nécessaire pour terminer la brèche de la face gauche du bastion 9, travail dont devait être chargée la 15ᵉ batterie du 1ᵉʳ régiment (capitaine Combier), il fut décidé qu'on en établirait une autre sur le terre-plein du flanc droit du bastion 8, afin de contre-battre le flanc gauche du bastion 9 et prendre d'écharpe la face attenante dont on éteindrait ainsi les feux. Cette batterie devait être armée avec les trois pièces de 16 de la batterie n° 14, qu'il serait très-facile d'amener de ce point dans le bastion 8. On chargea de sa construction la 15ᵉ batterie du 11ᵉ régiment (capitaine en second, Besençon), qui se mit immédiatement à l'œuvre.

Le chef de bataillon du génie Frossard prit le service de la tranchée à neuf heures du matin, ayant sous ses ordres le capitaine Schœnnagel, trois brigades de sapeurs et 250 travailleurs d'infanterie.

JOURNÉE DU 2 JUILLET.

Les conférences relatives à la reddition de la ville duraient toujours; elles pouvaient se rompre. On dut, en conséquence, continuer les travaux, afin d'être en mesure de poursuivre éventuellement la marche de l'attaque.

On termina, dans la matinée, les tranchées entre le Vascello et le bastion 9. A l'intérieur, on traça une sape partant de l'extrémité droite de notre logement sur l'enceinte Aurélienne et aboutissant à l'angle du bâtiment qui surmontait la porte San-Pancrazio, afin de nous mettre en communication assurée avec ce bâtiment. Le chef d'attaque avait reconnu, en effet, qu'il s'y trouvait un escalier descendant en arrière de la porte jusqu'à la rue, et que cet escalier était mal gardé. Il voulait pouvoir pénétrer dans le bâtiment, dès l'annonce de la reprise des hostilités, et tourner par ce moyen la porte San-Pancrazio.

L'artillerie transporta dans le bastion 7 deux mortiers de 27 centimètres, arrivés la veille, et les ajouta aux six mortiers de 15 centimètres qui se trouvaient déjà dans ce bastion.

Vers midi, les négociations ouvertes depuis trente-six heures avec la Municipalité romaine étaient rompues; ses délégués venaient de déclarer que l'on ne pouvait se soumettre aux conditions imposées par le général en chef. Toutefois, un nouveau délai de quelques heures fut encore accordé à la ville par le général pour l'acceptation de son ultimatum, le feu devant recommencer partout à l'expiration de ce délai.

Le chef d'attaque fut prévenu de ces dispositions par le général commandant le génie. Dès ce moment, l'activité imprimée aux travaux redoubla, et les batteries n°s 10, 11, 12, 13, reçurent l'ordre de se tenir prêtes à ouvrir le feu.

A quatre heures, le général Morris prit le commandement de la tranchée; le lieutenant-colonel de Colomé, du 68e, releva l'officier supérieur de jour.

Garde de la tranchée..
- Un bataillon du 22e léger.
- Un bataillon du 32e de ligne.
- Un bataillon du 53e de ligne.
- Une compagnie du 2e bataillon de chasseurs.

A cette même heure à peu près, les troupes de Garibaldi, reconnaissables à leurs vêtements rouges, furent relevées par d'autres troupes romaines dans les positions que les défenseurs occupaient devant nous, et principalement dans le bastion 9.

Un peu plus tard, le chef de bataillon du génie Frossard, s'étant aperçu que ce bastion, sur la face gauche duquel la batterie n° 10 avait ouvert, comme on l'a dit, un commencement de brèche, n'était gardé que par peu de monde, alla, avec le lieutenant Guillemard examiner et reconnaître cette brèche, qu'il trouva praticable pour des hommes isolés. Persuadé qu'il fallait marcher en avant autant que possible pour aider au dénoûment de la question qui se débattait avec la Municipalité, le chef d'attaque demanda et obtint du général Morris, général de tranchée, l'autorisation d'occuper le bastion 9; et il y pénétra avec une compagnie du 53ᵉ de ligne et quelques sapeurs, sans rencontrer de résistance. La garde de ce bastion était commandée par un sergent lombard, à qui il avait été ordonné de faire une décharge sur les Français s'ils se présentaient, et de se retirer ensuite; on le détermina à n'exécuter que la dernière partie de ses ordres. La compagnie du 53ᵉ fut laissée dans le bastion.

29ᵉ ET DERNIÈRE NUIT.
(Du 2 au 3 juillet.)

Cependant la nuit était venue, et aucun ordre n'avait été donné de reprendre les hostilités, lorsqu'une lettre du général en chef au général de tranchée annonça que la Municipalité de Rome se déclarait impuissante à traiter d'une capitulation dans les circonstances politiques où elle se trouvait, mais qu'elle se soumettait à la force, et qu'elle adhérait tacitement à l'occupation immédiate de quelques-unes des portes et à l'entrée des Français dans la ville pour le lendemain. Cette lettre prescrivait en même temps la prise de possession de la porte San-Pancrazio.

Aussitôt, le commandant Frossard, à la tête d'une colonne composée d'une compagnie du 2ᵉ bataillon de chasseurs et de deux compagnies d'élite du 53ᵉ, vint tourner cette porte au moyen du petit escalier existant dans le bâtiment qui la surmontait, puis se mit en communication par l'intérieur avec le bastion 9, en abattant un pont-levis qui isolait ce bastion du passage de la porte. La colonne, augmentée d'une compagnie du 33e de ligne, descendit ensuite la *via di San-Pancrazio* après avoir franchi deux barricades qui la coupaient, pénétra dans le Transtevère par la *via delle Fornaci*, et arriva ainsi jusque sur le Tibre au pont *Sixte*, où existaient deux autres barricades qui furent évacuées à notre approche. On laissa sur ce point important la compagnie du 2e bataillon de chasseurs, que commandait le capitaine Buchot; puis la colonne revint sur ses pas pour s'emparer de la hauteur de San-Pietro-in-Montorio, et la trouva déjà occupée par le lieutenant-colonel du génie Leblanc, qui s'y était porté avec une compagnie, après avoir abattu le pont-levis d'une coupure pratiquée entre la rue et la plate-forme des *Fontanoni*.

Il était près de minuit. Ces positions se trouvant ainsi assurées, on se hâta de démolir les barricades de la rue San-Pancrazio ; puis un bataillon du 20e de ligne, ayant avec lui son colonel, travailla, de concert avec les sapeurs, sous la direction du capitaine du génie Schœnnagel, à débarrasser les abords de la porte en démolissant la batterie blindée qui avait été construite en avant dans le fossé, et en déblayant, avant tout, les décombres sous lesquels cette batterie se trouvait à moitié enfouie. On combla aussi les tranchées qui coupaient les chemins aboutissant à cette entrée de la ville. Toute la nuit fut employée à ce travail; et la 1re division put, dans la matinée du 3 juillet, pénétrer dans Rome par la porte San-Pancrazio.

Durant cette même nuit, les portes San-Paolo et Portese furent également occupées par nos troupes. A la porte Portese, le 36e de ligne, après avoir franchi les barricades, pénétra jusqu'au pont des *Quatro-Capi*, où on laissa une garde.

Le lendemain 3 juillet, vers midi, le général Guesviller occupa la porte del Popolo et ses abords à l'intérieur de la ville.

Enfin, à cinq heures du soir, le général en chef, accompagné de son état-major et des états-majors particuliers de l'artillerie et du génie, fit son entrée dans Rome, à la tête de la 2ᵉ division et de la cavalerie.

Ainsi, nous étions maîtres de Rome tout entière, un mois juste après le jour où nous avions repris l'offensive en enlevant les positions de Pamfili, San-Pancrazio et Corsini.

Le 4, à huit heures du matin, le château Saint-Ange fut remis à nos troupes après sommation.

Mais, si la ville était en notre pouvoir, aucune capitulation n'avait été faite avec l'armée romaine.

Garibaldi n'avait pas attendu notre entrée : dès le 3, au matin, il s'était retiré par la porte *San-Giovanni*, emmenant avec lui à peu près 3,000 hommes, les uns attachés depuis quelque temps déjà à sa fortune, les autres trop compromis pour pouvoir rester à Rome. La 1ʳᵉ division fut envoyée immédiatement à la poursuite de cette colonne; mais elle ne put l'atteindre.

Il se trouvait encore en notre présence, et en contact avec nous sur tous les points de la ville, des forces considérables, tant des troupes régulières de l'ancienne armée pontificale, que des corps irréguliers levés sous le gouvernement du triumvirat. Tout ce qui appartenait à ces derniers corps fut désarmé, licencié et renvoyé de Rome; quant aux troupes régulières, on exigea qu'elles fissent leur soumission, et on leur laissa leurs armes.

Le général de division Rostolan fut nommé, dès le 3 juillet, gouverneur de la ville; et, comme quelques assassinats avaient été commis dans les premiers moments qui suivirent notre entrée, les habitants eurent l'ordre de consigner, entre les mains de l'autorité française, toutes les armes qui se trouvaient en leur possession. Cette mesure, qui reçut une exécution immédiate, et les dispositions énergiques prises par le gouverneur rétablirent, en quelques jours, une complète sécurité dans la ville.

Nous nous empressâmes de faire débarrasser les rues, les places, les promenades publiques, des barricades et des retranchements qui les encombraient de tous côtés. Ce travail fut exécuté, d'après les ordres des officiers du génie français, par des ouvriers que payait la Municipalité de Rome, et qui furent employés ensuite à combler toutes nos tranchées et à fermer, par de la maçonnerie, les brèches que notre canon avait faites à l'enceinte.

Le siége dont on vient de détailler les opérations donne lieu à quelques remarques générales.

Les prévisions qui avaient déterminé le choix du point d'attaque se trouvèrent entièrement réalisées. L'assaut du 30 juin, en mettant le bastion 8 en notre pouvoir, décida la reddition de la place, et il ne nous fut pas nécessaire d'aller plus loin. Ce bastion, en effet, dominait toute la fortification environnante, ainsi que la hauteur de San-Pietro-in-Montorio; de là, notre artillerie aurait pu ruiner toutes les parties de la ville où l'ennemi eût voulu chercher un refuge ou un appui pour prolonger la lutte.

Après la prise de ce bastion, la défense ne pouvait donc se continuer que dans des conditions tout à fait désavantageuses, surtout pour une armée déjà affaiblie, et qui, malgré une énorme consommation de munitions, n'avait pu se maintenir dans des positions bien autrement fortes que celles dont elle restait encore maîtresse. Aussi l'Assemblée nationale, découragée, déclara-t-elle dès lors toute résistance impossible.

La tranchée avait été ouverte dans la nuit du 4 au 5 juin; la place demanda à capituler le 30 : le siége a donc duré vingt-six jours. C'est beaucoup, sans doute, si l'on considère que les fortifications de cette place ne consistaient qu'en une enceinte à peu près sans dehors; mais si l'on a égard à toutes les circonstances dans lesquelles ce siége a été fait, on reconnaîtra, nous le pensons du moins, que les difficultés étaient grandes, et que la solution n'a été ni trop longuement débattue, ni trop chèrement achetée[1].

L'enceinte de Rome, d'un développement d'environ 23 kilomètres, comme on l'a dit précédemment, était défendue par plus de 100 bouches à feu de siége ou de campagne, et par une armée qui, en y comprenant une partie de la garde civique que l'on mobilisa, comptait près de 30,000 hommes disponibles pour les opérations militaires; car c'était l'autre partie de la garde civique qui était chargée de maintenir l'ordre dans la ville. Cette armée, composée d'éléments très-divers, n'aurait pas eu, sans doute, une grande valeur contre nous en rase campagne; mais elle se défendit vigoureusement derrière ses remparts et dans les maisons très-solidement construites dont elle avait su faire d'excellents postes retranchés, au moyen d'épaulements en sacs à terre qui en masquaient toutes les ouvertures.

A la vérité, la plupart de ses officiers manquaient d'expérience; mais, ayant été choisis à cause de l'exaltation de leurs opinions politiques, ils avaient, comme un grand nombre de leurs soldats, tout à redouter de la prise de la place, et devaient faire les plus grands efforts pour en retarder la chute. Enfin, les résultats de l'attaque des Français contre les fronts du Vatican, le 30 avril, et l'issue des combats livrés à l'armée du roi de Naples, le 19 mai, à Valmontone et Velletri, avaient été exploités comme des succès éclatants; et l'on était parvenu à donner aux troupes romaines une haute idée d'elles-mêmes.

Dans la première époque du siége, c'est-à-dire jusqu'au 15 juin, l'armée française ne compta que 25,000 hommes au plus. Sur la

[1] Le Gouvernement l'a jugé ainsi; voir les pièces annexes n°s 26 et 27.

fin du mois de juin, sa force s'était élevée à 30,000[1]. Jusqu'au 9, l'artillerie n'eut à sa disposition que quatre canons de 24, six de 16, quatre obusiers de 22 centimètres et quatre mortiers de 22 centimètres[2]; et c'est avec un matériel aussi restreint qu'on se décida à ouvrir la tranchée devant une place qui, par l'effet de sa très-grande étendue, dirigeait sur nos attaques des feux plutôt concentriques que divergents. Pour compléter l'armement des batteries destinées à contre-battre le front d'attaque, à la distance moyenne de 130 mètres, il fallut désarmer en partie les deux batteries n°s 1 et 2, qui avaient été établies dès l'ouverture de la tranchée dans le but de protéger nos premiers travaux. Le 9 juin, lorsque nous n'avions encore en batterie que le petit nombre des bouches à feu ci-dessus mentionnées, nous reçûmes, il est vrai, un second équipage de siége, composé de quatre canons de 24 et de douze canons de 16; mais ces canons étaient arrivés sans leurs affûts, qui ne nous parvinrent que le 21 juin, et qui furent débarqués en même temps que deux mortiers de 27 centimètres, deux de 22 centimètres, et six de 15 centimètres.

Le plus grand nombre de pièces dont l'artillerie ait pu disposer a, par conséquent, été (et seulement pendant les derniers jours du siége) de *huit* canons de 24, *dix-huit* canons de 16, *quatre* obusiers de 22 centimètres, et *quatorze* mortiers. Cette insuffisance de matériel devait nécessairement rendre notre marche plus longue et plus difficile. Le 13 juin au matin, quand les batteries n°s 3, 4, 5 et 6 ouvrirent ensemble leur feu contre le front d'attaque, nos cheminements n'étaient plus qu'à une centaine de mètres du bastion 7. Si, à ce moment, nous avions eu assez de canons pour établir en avant de la villa Corsini la batterie qui prit plus tard le n° 10, et si l'on eût pu dès lors l'armer de 8

---

[1] Voir, pour la composition de l'artillerie et du génie de l'armée à cette époque, les pièces n°s 28 et 29.

[2] Voir la pièce n° 23, déjà citée.

ou 10 pièces, non-seulement elle aurait écrasé et le Vascello et les maisons avoisinantes où l'ennemi se maintint jusqu'à la fin du siége, mais encore elle eût ruiné entièrement le front de la porte San-Pancrazio et mis les Romains dans l'impossibilité de se retrancher en arrière. L'assaut livré le 21 juin aurait, sans aucun doute, été donné plus tôt, et il eût probablement terminé le siége.

L'infériorité numérique de l'artillerie de l'attaque, comparée à celle de la défense, devint surtout frappante après cet assaut du 21, lorsque nous nous fûmes établis sur le corps de place. En effet, à cette époque, alors que, pour l'ordinaire, l'artillerie des défenseurs est à peu près réduite au silence, nous nous trouvâmes en face d'une vingtaine de pièces tout à fait intactes et parfaitement servies, dirigeant contre nous des feux concentriques qui bouleversaient nos cheminements à la sape. Le combat d'artillerie, qui s'engage généralement entre la place et les batteries de la seconde parallèle, ne put ici avoir lieu que cinq jours après l'assaut donné à l'enceinte ; et ce ne fut que le 27, au matin, que nos batteries nos 10, 11, 12 et 13 commencèrent, avec celles de l'ennemi, cette lutte opiniâtre et décisive dont le résultat devait être pour nous d'une si grande importance.

Nous devons rendre justice à l'artillerie romaine, et dire qu'elle sut parfaitement utiliser ses bouches à feu. Elle construisait un grand nombre d'embrasures; et quand, après de sérieuses difficultés, nous nous étions mis en mesure de contre-battre les pièces qui nous tourmentaient le plus, elle se hâtait de les transporter sur d'autres points. Elle employa ainsi très-efficacement son matériel de campagne. Ses batteries des deux bastions du front d'attaque conservèrent fort longtemps leur action. Quant à celles que les défenseurs avaient construites, dès le commencement, sur les hauteurs du Testaccio et de Saint-Alexis, elles ne cessèrent pas de tirer, et elles ne furent jamais plus utiles à l'ennemi que dans la dernière époque, lorsqu'elles prenaient d'écharpe, ou même de revers, nos établissements sur le front (6-7)[1].

Notre artillerie construisit quatorze batteries, dont quelques-unes furent refaites et armées plusieurs fois[2]; elle ouvrit cinq brèches et tira 9,800 coups de canon et 3,400 bombes ou obus, en tout 13,200 coups. Elle consomma environ 33,000 kilogrammes de poudre à canon. La consommation des cartouches d'infanterie s'éleva à 695,000[3].

L'artillerie romaine tira certainement trois fois autant que nous; la place prodiguait surtout les munitions d'infanterie. Aussi, nos tranchées furent-elles constamment assaillies d'un très-grand nombre de projectiles, et les cheminements de jour étaient-ils devenus très-difficiles; mais, sauf dans les dernières nuits, le feu de l'ennemi diminuait beaucoup à partir de dix heures du soir, et nous en profitions pour cheminer à la sape volante. Sans cette circonstance heureuse, il aurait fallu presque tout exécuter à la sape pleine, ce qui nous aurait fait perdre beaucoup de sapeurs; car les terrains de l'attaque étaient plantés de grandes vignes et de gros arbres, qui auraient bien souvent arrêté ou fait dévier les gabions farcis.

Le génie fit exécuter 8,200 mètres courants de tranchées, dont une très-grande partie, comme on vient de le dire, fut faite à la sape volante, presque toujours sous le feu plus ou moins vif de la place. Le tracé se faisait gabion par gabion, et les travailleurs restaient couchés derrière la ligne de gabions vides déjà posés, jusqu'à ce que le ralentissement du feu de l'ennemi permît de commencer le travail, ou de le reprendre, si l'on avait été forcé de l'interrompre[4].

[1] Les Romains eurent à regretter de n'avoir pas de mortiers.
[2] Voir la pièce n° 32.
[3] Voir les pièces n°ˢ 33, 34 et 35.
[4] Voir, pour l'état du matériel du génie et ses consommations dans le siége, la pièce n° 36.

Les défenseurs ne dissimulaient pas leur dépit de nous voir avancer toujours à couvert, *comme des taupes,* disaient-ils, et abrités contre l'énorme quantité de projectiles dont ils espéraient nous écraser. Ils avaient compté principalement sur une guerre de rues, dans laquelle beaucoup d'entre eux étaient déjà experts : ils s'attendaient à voir nos soldats marcher à découvert contre ces lignes successives de barricades et de coupures construites en si grand nombre; et, sous ce rapport, le choix du point d'attaque déjoua surtout leurs calculs.

Si l'on réfléchit à l'étendue de la ville, à la solidité des constructions qu'elle renferme, à ses rues tortueuses qui rendent les communications difficiles, on ne mettra pas en doute qu'une lutte de cette nature n'eût été très-meurtrière. Nous eussions triomphé...... mais sur des ruines. L'Europe eût peut-être jugé sévèrement une victoire achetée à ce prix, et l'on doit se féliciter d'avoir suivi une marche qui a permis d'éviter ces désastres.

L'énergie des défenseurs et tous leurs moyens de résistance s'usèrent dans une véritable guerre d'industrie. L'attaque, marchant pied à pied, ne livrant rien au hasard, nous rendit maîtres, avec très-peu de pertes, d'une position dont la prise amena un dénoûment immédiat.

Le nombre total de nos tués et de nos blessés fut de 1,024, en y comprenant les pertes éprouvées le 30 avril[1]. L'artillerie eut 3 officiers et 12 sous-officiers ou canonniers tués, 6 officiers et 46 sous-officiers ou canonniers blessés. Dans le génie, il y eut 2 officiers et 5 sous-officiers ou sapeurs tués, 7 officiers et 21 sous-officiers ou sapeurs blessés[2].

---

[1] Il résulterait, de documents récemment publiés à Turin sur le siége de Rome, que les défenseurs auraient eu, pendant le siége, 3,063 blessés : sur ce nombre, 30 seulement étaient étrangers à l'Italie. On ne possède pas de renseignements aussi précis sur le nombre de leurs tués : il a été estimé de 1,700 à 1,800.

[2] Voir, pour le relevé des pertes de l'artillerie et du génie, les pièces n°ˢ 30 et 31.

Le chiffre de ces pertes, peu élevé eu égard à la durée du siége, s'explique par ce qui vient d'être dit, et aussi par cette considération que l'infanterie romaine, brave, mais mal employée, ne tenta presque jamais de sorties vigoureuses et en forces contre les tranchées de l'assiégeant.

Nos soldats, qui étaient restés sous le coup de l'insuccès du 30 avril, avaient pris, dès le 3 juin, une belle revanche à l'attaque des positions de la villa Pamfili et de San-Pancrazio. Leur supériorité sur les troupes romaines devint, à partir de ce jour, de plus en plus marquée. Ils ne demandaient qu'à en venir aux mains et à voir leurs ennemis de près; mais cette satisfaction leur fut rarement accordée, la garnison ayant presque toujours évité les engagements sérieux et à fond; et, cependant, le terrain, si accidenté, qui se trouvait surtout à notre droite, paraissait des plus favorables pour tenter soit des retours offensifs, soit des surprises.

Dans les assauts des 21 et 30 juin, nos troupes montèrent très-franchement aux brèches et coururent sur l'ennemi à la baïonnette, sans s'arrêter pour faire feu.

Notre infanterie fit constamment preuve de valeur, de dévouement et de discipline. Elle se montra pleine d'ardeur dans l'exécution des nombreux et pénibles travaux du siége.

Les chasseurs à pied, dont la carabine portait les balles avec tant de précision, rendirent de grands services. La compagnie, qui, chaque jour, était mise à la disposition des officiers commandant l'artillerie et le génie à la tranchée, contribua à protéger efficacement nos travaux. Les meilleurs tireurs, placés dans des positions choisies, forcèrent très-souvent l'artillerie ennemie à cesser son feu et à fermer ses embrasures par des sacs à terre.

L'armée assiégeante se fit remarquer aussi par sa constance à supporter les privations et les fatigues. La chaleur, très-forte partout, était réellement excessive dans l'intérieur des tranchées, où dardait un soleil brûlant et où l'air embrasé demeurait comme immobile. Néanmoins, nos soldats ne laissèrent jamais échapper le moindre murmure, bien que les opérations se prolongeassent dans une saison où des fièvres dangereuses envahissent, chaque année, la campagne de Rome. Si l'état sanitaire se maintint bon pendant tout le siége, il faut attribuer cet heureux résultat autant au moral des troupes qu'aux sages précautions hygiéniques qui leur furent recommandées, et à la sollicitude éclairée de l'administration [1].

Enfin, il est juste de reconnaître que notre marine a beaucoup contribué au succès par son infatigable activité et par un zèle fécond en ressources de toute nature. Sa tâche fut rude et de longue durée; mais elle sut pourvoir habilement à toutes les exigences si multipliées d'un service qui comprenait le transport et le débarquement des troupes, des chevaux, du matériel, des munitions et des vivres, la remorque, jusque dans le Tibre, des tartanes chargées d'hommes ou d'approvisionnements, l'évacuation des blessés, des malades, des prisonniers, etc., etc. Les matelots, surtout lorsqu'il s'agissait de munitions de guerre, se livraient avec le plus ardent empressement à l'opération du déchargement de leurs navires, sentant bien que ces munitions étaient attendues avec une grande impatience sous les murs de Rome.

On doit le dire, si les matelots de la flotte n'ont pas eu tous, dans l'expédition de Rome, à courir les mêmes dangers que les soldats de l'armée de terre, ils ont amplement partagé leurs fatigues, et cela sans dédommagements; car, à leur grand regret, les combats n'étaient pas pour eux.

Cette campagne aura été, pour notre marine à vapeur, le sujet

[1] Voir la pièce annexe n° 37.

d'une expérience heureuse, dont les résultats ne peuvent être trop appréciés, et qui donnera à la fois un enseignement et une garantie pour l'avenir, en montrant tout ce qu'elle saurait faire dans des circonstances analogues.

PIÈCES ANNEXES.

PIÈCE N° 1.

COMPOSITION DE LA DIVISION EXPÉDITIONNAIRE
RÉUNIE À MARSEILLE ET À TOULON EN AVRIL 1849.

ÉTAT-MAJOR GÉNÉRAL.

Le général de division OUDINOT DE REGGIO, commandant en chef.
 Aide de camp: Espivent, chef d'escadron d'état-major.
 Officiers d'ordonnance { Fabar, capitaine d'artillerie.
         Oudinot (Ch.), capitaine d'infanterie.
Le général de division REGNAUD DE SAINT-JEAN-D'ANGELY, commandant les troupes.
 Aide de camp: Durand de Villers, capitaine d'état-major.
Le lieutenant-colonel de Vaudrimey, chef d'état-major général.
Le chef d'escadron de Montesquiou-Fezensac, sous-chef d'état-major général.
Les capitaines.. { Poulle.....
      Castelnau.. } attachés à l'état-major général.
      Osmont....
MM. Dutheil, sous-intendant militaire de 1re classe.
 Charlot, adjoint de 1re classe.

ÉTAT-MAJOR DE L'ARTILLERIE.

Le lieutenant-colonel Larchey, commandant l'artillerie.
Le chef d'escadron Bourdeau, chef d'état-major.
Le capitaine Luxer.

ÉTAT-MAJOR DU GÉNIE.

Le lieutenant-colonel Leblanc, commandant le génie.
Le chef de bataillon Goury, chef d'état-major.
Les capitaines Boissonnet et Ragon.

TROUPES.

1re BRIGADE.
Général Mollière.
{
1er bataillon de chasseurs à pied, commandant de Marolles.
20e régiment de ligne (2 bataillons), colonel Marulaz.
33e idem............ (idem)... colonel Bouat.
13e batterie du 3e régiment d'artillerie, capitaine Serrand.
3e compagnie du 1er bataillon du 2e régiment du génie, capitaine Puiggari.
}

SIÉGE DE ROME.

2ᵉ BRIGADE.
Général Levaillant
(Charles).
- 36ᵉ régiment de ligne (2 bataillons), colonel Blanchard.
- 66ᵉ idem............ (idem).... colonel Chenaux.
- 12ᵉ batterie du 3ᵉ régiment d'artillerie, capitaine Pinel.
- 4ᵉ compagnie du 2ᵉ bataillon du 2ᵉ régiment du génie, capitaine Darceau.

3ᵉ BRIGADE.
Général Chadeysson.
- 22ᵉ régiment léger (2 bataillons), colonel Pesson.
- 68ᵉ régiment de ligne (idem).... colonel de Leyritz.
- 6ᵉ batterie du 7ᵉ régiment d'artillerie, capitaine Canu.

CAVALERIE.

1ᵉʳ régiment de chasseurs (300 chevaux), colonel de Noue.

GENDARMERIE.

25 gendarmes, dont 12 à cheval, lieutenant Goy.

ADMINISTRATION.

50 hommes du train des équipages.
50 ouvriers d'administration.
20 infirmiers.

PIÈCE N° 2.

MATÉRIEL DE L'ARTILLERIE

EMBARQUÉ TANT À MARSEILLE QU'À TOULON LE 21 AVRIL 1849.

1°. — Deux batteries de 8 complètes, approvisionnées à 200 coups par pièce. Chaque batterie avait les 32 voitures réglementaires. La 13° batterie seule avait, parmi les six caissons d'infanterie, un caisson à balles oblongues.

2°. — Un équipage de siége de six canons de 16, approvisionnés à 500 coups.

3°. — Deux approvisionnements complets de munitions pour batteries de 8, renfermés dans des caisses;

4°. — 650,000 cartouches ordinaires d'infanterie.
  70,000 cartouches d'infanterie, à balles oblongues.

5°. — 50 fusils de rempart et 300 fusils d'infanterie;

6°. — Pièces d'armes.

7°. — Quatre caisses d'ustensiles d'artifices et deux d'outils d'ouvriers en bois et en fer.

On a laissé en réserve, à Marseille, 300,000 cartouches ordinaires d'infanterie, 40,000 cartouches d'infanterie, à balles oblongues, et un approvisionnement complet pour une batterie de 8, dans des caisses.

PIÈCE N° 3.

SITUATION DU MATÉRIEL DU GÉNIE,
À L'ÉPOQUE DU DÉBARQUEMENT À CIVITA-VECCHIA, LE 25 AVRIL 1849.

Pelles rondes..........................	984
Pelles carrées..........................	16
Pioches...............................	960
Haches................................	15
Serpes................................	50
Pics à roc.............................	40
Manches d'outil........................	640
Agrès pour deux têtes de sape..............	2
Sacs à terre...........................	29,800
Échelles.............................	15
Crochets d'assaut......................	4
Pétards...............................	9
Saucisson chargé.......................	50 m. cour.
Cordeau porte-feu......................	112 m.
Fusées de sûreté.......................	20
Boussole..............................	1
Équerres d'arpenteur...................	2
Mires................................	1
Planchettes...........................	3

Chacune des deux compagnies attachées aux brigades avait une prolonge chargée d'outils divers, et un assortiment d'outils porté par deux chevaux de bât, le tout indépendamment des outils portés par les sapeurs.

PIÈCE N° 4.

ÉTAT DES BOUCHES A FEU EN BATTERIE SUR L'ENCEINTE DE CIVITA-VECCHIA
AU MOMENT DE L'ARRIVÉE DES FRANÇAIS, LE 25 AVRIL 1849.

NOMS DES OUVRAGES.	CARONADES en fer. Calibre de			CANONS DE SIÈGE EN FER. Calibre de								CANONS EN BRONZE.	CANONS-OBUSIERS en fer à la Paixhans. Calibre en pouces.			MORTIERS en bronze. Calibre en pouces.		TOTAL.	OBSERVATIONS.
	36.	18.	16.	54.	48.	36.	24.	16.	12.	10.	9.	4.	9.	8°.	6°.	12°.	8°.		
Fort Michel-Ange............	"	"	"	2	"	4	6	"	3	2	"	2	"	"	"	"	"	19	2 canons de 24 et de 9 en bronze tirant sur la route de Rome; les autres tirant sur la mer et le port.
Tour de la Bichière.........	"	"	4	"	2	"	"	"	"	4	"	"	"	"	"	"	"	10	Tirant sur la mer et le port.
Avant-muraille..............	"	2	"	8	"	"	"	"	"	"	"	"	"	4	6	"	"	20	Tirant sur la mer.
Fort Saint-Pierre (au Lazaret).	6	"	4	"	"	"	"	"	"	4	"	"	"	"	"	"	"	14	Idem.
Batterie basse tirant sur le port et la darse...............	"	"	"	"	"	"	"	5	"	1	2	2	"	"	"	"	"	10	Idem.
Bastions et autres ouvrages de l'enceinte.................	"	"	"	"	"	21	"	"	9	2	1	"	"	"	"	2	"	35	Tirant du côté de la terre.
Bastion Théophane et courtine.	"	"	"	"	"	11	"	"	"	"	"	"	"	"	"	1	1	13	Tirant sur la mer et le port.
	6	2	8	10	2	36	6	5	9	13	2	2	4	6	3	1	121	Dont 14 ne pouvant pas tirer à cause de leur mauvais état.

Nota. Les calibres sont donnés en livres romaines; il faut réduire d'un tiers si l'on veut avoir les calibres français.

PIÈCE N° 5.

Dans l'incertitude où l'on était d'une occupation aussi facile et aussi prompte, le conseil de guerre, assemblé à bord du *Labrador*, avait dû prévoir le cas où les autorités de Civita-Vecchia refuseraient d'accueillir en amie la division française, et avait agité la question des moyens d'attaque à employer, dans cette éventualité, pour s'assurer la possession de la place. L'amiral repoussa la proposition de tenter, avec *le Panama*, une entrée de vive force dans le port même. Elle pouvait, suivant lui, amener sans succès certain la mort de beaucoup de braves gens ; et un seul boulet malheureux, qui aurait pénétré dans la machine du bâtiment à vapeur, pouvait, en arrêtant ce navire et l'empêchant de manœuvrer, faire éprouver un échec à nos armes, ce qu'il fallait avant tout s'attacher à éviter.

Voici la résolution qui fut adoptée :

La petite baie de Santa-Marinella, à l'est du cap Linaro et à 7 ou 8 kilomètres de Civita-Vecchia, avait été désignée comme d'un abord facile ; elle n'avait d'autre défense qu'une tour sans artillerie, occupée par quelques hommes seulement. Le débarquement devait s'opérer dans cette baie, si les renseignements donnés par les pratiques du pays s'accordaient avec ceux qui avaient été déjà recueillis. Puis, une fois les troupes et le matériel à terre, une attaque simultanée se ferait, de la part de l'armée et de la flotte, sur la ville, qui n'aurait pas longtemps résisté, sans doute, aux feux croisés dont on l'aurait accablée. Mais, dans le débarquement du personnel et du matériel, il fallait mettre toute la prudence possible et se conserver la certitude du succès. L'amiral entendait ne débarquer un corps de troupes à terre qu'en lui donnant, en même temps, les moyens de se défendre et de se nourrir en cas que le mauvais temps eût forcé les bâtiments à s'éloigner. Pour cela, le débarquement devait comprendre trois périodes : le débarquement de la 1re brigade, avec une demi-batterie d'artillerie et huit jours de vivres ; celui de la

2° brigade avec une demi-batterie et aussi huit jours de vivres; enfin, la mise à terre des chevaux et du reste du matériel.

Les ordres pour les deux premières périodes de débarquement furent préparés en conséquence; elles seules étaient des opérations militaires.

La troisième demandait seulement de la promptitude.

Au reste, l'empressement de la place de Civita-Vecchia à se soumettre dispensa de donner suite à ces dispositions.

PIÈCE N° 6.

ORDRE DU JOUR.

Soldats,

Le drapeau français flotte sur les forts de Civita-Vecchia. Nous pouvions opérer un débarquement de vive force : toutes les mesures étaient prises pour en assurer le succès. Nous avons dû nous inspirer de la pensée de notre Gouvernement, qui, associé aux idées généreuses de Pie IX, veut éviter autant que possible l'effusion du sang.

Les autorités de Civita-Vecchia, cédant aux vœux des habitants, vous ont ouvert les portes de la place à la première sommation.

Cet accueil, vous le sentirez, ajoute à nos devoirs; il aggraverait toute infraction à la discipline : il nous commande non-seulement de respecter les populations, mais encore d'entretenir avec elles des rapports bienveillants.

La flotte va vous amener sous peu de jours un renfort considérable. Soldats de l'armée de terre, je suis votre interprète en remerciant nos frères d'armes de la marine. C'est à leur puissant concours que nous aimons à reporter le succès de notre première opération.

Civita-Vecchia, le 25 avril 1849.

Le Général, Commandant en chef,
Signé OUDINOT DE REGGIO.

PIÈCE N° 7.

CORPS EXPÉDITIONNAIRE DE LA MÉDITERRANÉE.

Habitants des États Romains !

En présence des événements qui agitent l'Italie, la République française a résolu d'envoyer un corps d'armée sur votre territoire, non pour y défendre le gouvernement actuel, qu'elle n'a point reconnu, mais afin de détourner de votre patrie de grands malheurs.

La France n'entend pas s'attribuer le droit de régler des intérêts qui sont, avant tout, ceux des populations romaines, et qui, dans ce qu'ils ont de plus général, s'étendent à l'Europe entière et à tout l'Univers chrétien.

Elle a cru seulement que, par sa position, elle était particulièrement appelée à intervenir, pour faciliter l'établissement d'un régime également éloigné des abus à jamais détruits par la générosité de l'illustre Pie IX et de l'anarchie de ces derniers temps.

Le drapeau que je viens d'arborer sur vos rives est celui de la paix, de l'ordre, de la conciliation, de la vraie liberté. Autour de lui se rallieront tous ceux qui voudront concourir à l'accomplissement de cette œuvre patriotique et sainte.

Civita-Vecchia, le 25 avril 1849.

Le Général, Commandant en chef,
Signé OUDINOT DE REGGIO.

PIÈCE N° 8.

LETTRE DU PRÉSIDENT DE LA RÉPUBLIQUE
AU GÉNÉRAL OUDINOT DE REGGIO.

Mon cher Général,

La nouvelle télégraphique qui annonce la résistance imprévue que vous avez rencontrée sous les murs de Rome m'a vivement peiné. J'espérais, vous le savez, que les habitants de Rome, ouvrant les yeux à l'évidence, recevraient avec empressement une armée qui venait accomplir chez eux une action bienveillante et désintéressée; il en a été autrement: nos soldats ont été reçus en ennemis, notre honneur militaire est engagé; je ne souffrirai pas qu'il reçoive aucune atteinte. Les renforts ne vous manqueront pas. Dites à vos soldats que j'apprécie leur bravoure, que je partage leurs peines, et qu'ils pourront toujours compter sur mon appui et sur ma reconnaissance.

Recevez, mon cher Général, l'assurance de mes sentiments de haute estime.

Paris, 5 mai 1849.

Signé LOUIS-NAPOLÉON BONAPARTE.

SIÉGE DE ROME.

PIÈCE N° 9.

COMPOSITION DU CORPS EXPÉDITIONNAIRE DE LA MÉDITERRANÉE.
(22 mai 1849.)

ÉTAT-MAJOR général.
- Le général de division Oudinot de Reggio, commandant en chef.
- Le colonel Le Barbier de Tinan, chef d'état-major général.
- L'intendant militaire Pâris, intendant en chef de l'armée.

ÉTAT-MAJOR de l'artillerie.
- Le général de brigade Thiry, commandant l'artillerie.
- Le lieutenant-colonel Larchey, directeur du parc.
- Le chef d'escadron Soleille, chef d'état-major.

ÉTAT-MAJOR du génie.
- Le général de division Vaillant, commandant le génie.
- Le colonel Niel, chef d'état-major.

1re DIVISION. Général Regnaud de Saint-Jean-d'Angely.
- 1re brigade. Général Mollière.
  - 1er bataillon de chasseurs à pied, commandant de Marolles.
  - 20° de ligne, colonel Marulaz (2 batail^{ns}).
  - 33° de ligne, colonel Bouat (*idem*).
- 2° brigade. (Cavalerie.) Général Morris.
  - 1er régiment de chasseurs, colonel de Noue.
  - 11° régiment de dragons, colonel de Lachaise.

13° batterie du 3° régiment d'artillerie, capitaine Serrand.
5° compagnie du 2° bataillon du 1er régiment du génie, capitaine de Jouslard.

2° DIVISION. Général Rostolan.
- 1re brigade. Général Levaillant (Charl.).
  - 36° de ligne, colonel Blanchard (2 bataillons).
  - 66° de ligne, colonel Chenaux (*idem*).
- 2° brigade. Général Chadeysson.
  - 22° léger, lieutenant-colonel Espinasse (2 bataillons).
  - 68° de ligne, colonel de Leyritz (*idem*).

6° batterie du 7° régiment d'artillerie, capitaine Canu.
12° batterie du 3° régiment d'artillerie, capitaine Pinel.
3° compagnie du 1er bataillon du 2° régiment du génie, capitaine Puiggari.

3ᵉ DIVISION. Général Guesviller.	1ʳᵉ brigade. Général Levaillant (Jean).	16ᵉ léger, colonel Marchesan (2 bataill⁶ˢ). 25ᵉ léger, colonel Ripert (*idem*).
	2ᵉ brigade. Général Sauvan.	13ᵉ léger, colonel de Lamarre (2 bataill⁶ˢ). 13ᵉ de ligne, colonel de Comps (*idem*).

12ᵉ batterie du 5ᵉ régiment d'artillerie, capitaine Rochebouët.

4ᵉ compagnie du 2ᵉ bataillon du 2ᵉ régiment du génie, capitaine Darceau.

Au 3 juillet, jour de l'entrée dans Rome, l'armée comptait 30,000 hommes et 4,000 chevaux, par suite de l'arrivée successive des 32ᵉ, 53ᵉ, 17ᵉ et 50ᵉ de ligne, du 2ᵉ bataillon de chasseurs à pied, d'une batterie de réserve, de trois compagnies de sapeurs, de cinq batteries à pied, d'une compagnie de pontonniers, d'une demi-compagnie d'ouvriers d'artillerie, etc.

Les trois divisions du corps expéditionnaire se trouvèrent alors constituées définitivement, en infanterie et cavalerie, comme il suit :

1ʳᵉ DIVISION. Général Regnaud de Saint-Jean-d'Angely.	1ʳᵉ brigade. Général Mollière.	1ᵉʳ bataillon de chasseurs à pied. 17ᵉ de ligne, colonel Sonnet. 20ᵉ de ligne, colonel Marulaz. 33ᵉ de ligne, colonel Bouat.
	2ᵉ brigade. Général Morris.	1ᵉʳ régiment de chasseurs à cheval, colonel de Noue. 11ᵉ régiment de dragons, colonel de Lachaise.
2ᵉ DIVISION. Général Rostolan.	1ʳᵉ brigade. Général Levaillant (Ch.).	2ᵉ bataillon de chasseurs à pied, commandant Pursel. 32ᵉ de ligne, colonel Bosc. 36ᵉ de ligne, colonel Blanchard. 66ᵉ de ligne, colonel Chenaux.
	2ᵉ brigade. Général Chadeysson.	22ᵉ léger, lieutenant-colonel Espinasse. 53ᵉ de ligne, colonel d'Autemarre. 68ᵉ de ligne, colonel de Leyritz.
3ᵉ DIVISION. Général Guesviller.	1ʳᵉ brigade. Général Levaillant (Jean).	16ᵉ léger, colonel Marchesan. 25ᵉ léger, colonel Ripert. 50ᵉ de ligne, colonel Leconte.
	2ᵉ brigade. Général Sauvan.	13ᵉ léger, colonel de Lamarre. 13ᵉ de ligne, colonel de Comps.

PIÈCE N° 10.

Selon l'usage généralement suivi dans les siéges, une rétribution en argent fut allouée aux travailleurs employés d'une manière spéciale, soit aux confections de matériaux, tels que gabions, fascines, etc., soit à l'exécution des sapes et tranchées et des travaux préparatoires.

Cette allocation était donnée à titre d'encouragement, et comme une indemnité presque indispensable pour améliorer la nourriture du soldat et couvrir l'usure de ses effets de linge et chaussure.

Elle fut réglée par le général en chef, sur la proposition du général commandant le génie, d'après le tarif suivant, que l'on appliqua non seulement aux journées ordinaires de dix heures de travail effectif en dehors des tranchées, mais aussi aux séances de travail de douze heures que les troupes faisaient à la tranchée (de jour comme de nuit) :

1° Journée ordinaire de caporal ou de soldat (sans distinction d'armes).. 0^f 25^c

2° Journée de caporal ou de soldat, employé comme ouvrier d'art (sans distinction d'armes)............... 0 30

3° Journée de sergent d'infanterie, surveillant les travailleurs... 0 40

4° Journée de sergent du génie, dirigeant les travaux.... 0 50

PIÈCE N° 11.

PROJET DE TRAITÉ AVEC LA RÉPUBLIQUE ROMAINE
SIGNÉ PAR L'AGENT DIPLOMATIQUE.

ARTICLE PREMIER.

L'appui de la France est assuré aux populations des États-Romains; elles considèrent l'armée française comme une armée amie, qui vient concourir à la défense de leur territoire.

ART. 2.

D'accord avec le Gouvernement romain, et sans s'immiscer en rien dans l'administration du pays, *l'armée française prendra les cantonnements extérieurs convenables*, tant pour la défense du pays que pour la salubrité des troupes : les communications seront libres.

ART. 3.

La République française garantit contre toute invasion étrangère les territoires occupés par ses troupes.

ART. 4.

Il est entendu que le présent arrangement devra être soumis à la ratification de la République française.

ART. 5.

En aucun cas, les effets du présent arrangement ne pourront cesser que quinze jours après la communication officielle de la non-ratification.

Fait à Rome et au quartier général de l'armée française, en triple expédition, le 31 mai 1849, à huit heures du soir.

Signé C. ARMELLINI, A. SAFFI, G. MAZZINI.

Le Ministre plénipotentiaire de la République française,

Signé FERDINAND DE LESSEPS.

PIÈCE N° 12.

ORDRE GÉNÉRAL.

Par dépêches télégraphiques des 28 et 29 mai, les ministres des affaires étrangères et de la guerre préviennent le général en chef que la voie des négociations est épuisée dans les États-Romains, que deux régiments d'infanterie et deux compagnies du génie sont embarqués à Toulon pour venir rejoindre l'armée et prendre part aux opérations.

A dater de ce jour, les hostilités reprennent leur cours; l'agent diplomatique est rappelé en France.

Villa Santucci, le 1ᵉʳ juin 1849.

Le Général, Commandant en chef,
Signé OUDINOT DE REGGIO.

PIÈCE N° 13.

ORDRE GÉNÉRAL.

Santucci, le 2 juin 1849.

Deux colonnes mobiles prendront demain possession de la villa Pamfili.

L'attaque commencera à trois heures du matin; à cet effet, les dispositions suivantes sont arrêtées :

Une colonne, aux ordres du général de brigade Mollière, sera chargée d'aborder la position par le mur d'enceinte qui longe au sud la via Nocetta.

Cette colonne se composera de

4 compagnies de chasseurs à pied;

2 bataillons du 33ᵉ de ligne;

1 section d'artillerie, composée expressément d'un canon et d'un obusier, chaque pièce avec un seul caisson;

1 compagnie de sapeurs du génie;

50 chasseurs à cheval.

Le général Guesviller organisera une seconde colonne d'attaque, qui, sous les ordres directs du général Levaillant (Jean), sera destinée à faire une diversion sur l'enceinte de la villa du côté ouest.

Le départ de cette colonne du camp Maffei sera combiné, en raison de la distance, de manière à être en mesure d'apporter son concours à l'attaque de droite à trois heures précises.

Cette colonne sera composée de

2 bataillons;

1 section d'artillerie, comprenant 1 canon et 1 obusier, chaque pièce avec un seul caisson.

Le général de division Regnaud prendra le commandement des deux brigades, dès qu'elles pourront agir simultanément.

SIÉGE DE ROME.

Demain, à trois heures, le 20ᵉ de ligne occupera les positions qui sont aujourd'hui celles du 33ᵉ, à San-Carlo, Bruggiano, et sur la via Portuense.

Les troupes de la 2ᵉ division prendront les armes à trois heures du matin. La 1ʳᵉ brigade se portera sur la ligne, à la hauteur de ses avant-postes, se tenant prête à appuyer le mouvement offensif; la 2ᵉ brigade viendra se masser aux environs du quartier général et formera la réserve.

Les troupes de la 3ᵉ division prendront également les armes à trois heures du matin.

Le régiment de chasseurs aura ses chevaux sellés et bridés; les pièces et caissons d'artillerie seront attelés.

Les deux colonnes du général Mollière et du général Levaillant (Jean) seront pourvues de vivres pour les journées des 3 et 4 juin. Elles auront leurs havre-sacs, mais laisseront au camp leurs tentes-abris et leurs couvertures.

Tous les mouvements et prises d'armes seront exécutés sans batteries, avec calme et dans le plus grand silence.

Le Général, Commandant en chef,

Signé OUDINOT DE REGGIO.

PIÈCE N° 14.

LE GÉNÉRAL VAILLANT AU MINISTRE DE LA GUERRE.

Au quartier général de Santucci, le 19 mai 1849.

Monsieur le Ministre,

Je suis arrivé ce matin même au quartier général............
....
.....Nous nous sommes déjà entendus, le général Thiry et moi, sur le point par lequel il sera convenable de diriger une attaque régulière contre Rome, si l'armée française est obligée d'en venir à cette extrémité : ce point est le front qui occupe la partie la plus avancée du mont *Janicule*, à gauche de la porte San-Pancrazio. De ce côté, il n'y a aucun monument public que l'on puisse craindre d'endommager; une fois la première muraille forcée, on trouvera un emplacement suffisamment vaste pour s'y établir et dominant la ville par son relief; enfin, on sera constamment en communication immédiate avec le gros de l'armée, dont il importe tant de ne pas se séparer. Le général en chef me paraît tout disposé à approuver ce projet.

Déjà les sapeurs et l'infanterie se sont mis à faire des gabions, fascines, etc. L'artillerie va commencer dès demain à confectionner son matériel. Il est, du reste, convenu que tout ce qu'un des deux services pourra se procurer sera regardé comme étant en commun.

Le général en chef a fait établir sur le Tibre, à 2,500 ou 3,000 mètres au-dessous de Rome, un *bac* dont le *débarcadère*, sur la rive gauche, va être couvert par un petit ouvrage. Je dois aller demain reconnaître la position.

Les gabions et fascines se font dans un petit bois, sur la Magliana, à 7 ou 8 kilomètres de Rome.

....

PIÈCE N° 15.

LE GÉNÉRAL VAILLANT AU MINISTRE DE LA GUERRE.

Au quartier général de Santucci, le 2 juin 1849.

Monsieur le Ministre,

Dès mon arrivée au quartier général, le 19 mai, j'ai eu l'honneur de vous faire connaître que, après avoir mûrement réfléchi sur les diverses combinaisons d'une attaque destinée à nous faire entrer dans Rome, je m'étais décidé pour le front qui occupe la partie la plus avancée du Janicule, à l'est de l'église de San-Pancrazio. Ce front est celui que j'ai coté (6-7) au plan que je vous ai adressé.

Les raisons qui avaient motivé mon opinion, avant même mon arrivée ici, se sont corroborées de toutes les reconnaissances que j'ai faites ou fait faire depuis le 19 mai. C'est sur ce point, j'en ai la certitude, que l'ennemi s'attend le moins à une attaque; c'est de ce côté que nous risquons le moins d'endommager des monuments publics, considération bien puissante quand il s'agit d'attaquer avec du canon une ville comme Rome, qui résume en elle toute l'histoire de la civilisation du monde.

J'espère que, en même temps que nous pénétrerons par le front (6-7), nous pourrons, la face gauche du bastion 9 étant détruite de loin, entrer sans grand obstacle par la porte San-Pancrazio, et nous trouver ainsi derrière l'enceinte d'Aurélien, qui va de ladite porte au Tibre. Cette enceinte, je m'en suis assuré en m'introduisant dans Rome le 25 mai, a été rendue défensive par l'ennemi. En la tournant, comme je viens de l'expliquer, j'annule toutes les barricades et tous les retranchements préparés dans le Transtevère en vue d'une attaque par la porte Portese.

. . . .

P. S. J'aurais dû vous dire que mes idées sur l'attaque de Rome, soumises une première fois, le 30 mai, à la discussion, en présence du général en chef, du général commandant l'artillerie, et des généraux commandant les divisions, ont été unanimement acceptées. Ce matin, un nouvel examen du même projet paraît avoir confirmé tout le monde dans l'opinion émise le 30 mai.

J'ai fait hier une reconnaissance sur le Monte-Mario, et j'ai lieu d'espérer qu'au moyen de quelques mesures que j'ai indiquées, on pourra se rendre maître de Ponte-Molle et empêcher que l'ennemi, qui paraît avoir fait des dispositions pour faire sauter le pont, puisse mettre ses projets à exécution.

PIÈCE N° 16.

COMPOSITION DE L'ARMÉE ROMAINE
CONCENTRÉE DANS LES MURS DE ROME.

		Hommes.	
INFANTERIE.	Un régiment de vétérans....................	745	
	1er régiment de ligne.......................	1,864	
	2e idem..................................	2,000	
	3e idem..................................	1,493	
	5e idem..................................	2,193	
	6e idem..................................	1,740	
	Un bataillon de Bersaglieri (commandé par Melara)	379	
	2e bataillon du 8e de ligne...................	729	
	9e régiment de ligne (Union)...............	1,841	17,935
	Légion romaine (volontaires)................	251	
	Bersaglieri lombards (commandés par Manara)...	1,000	
	Bataillon universitaire (Studenti).............	300	
	Légion bolonaise (volontaires)................	650	
	Division Arcioni (Piémontais)................	450	
	Légion Garibaldi (Piémontais et Lombards).....	1,500	
	Lanciers de Garibaldi (dont 40 à cheval).......	200	
	Carabiniers mobilisés.......................	400	
	Légion polonaise............................	200	
CAVALERIE.	1er régiment de dragons...................	889	1,751
	2e idem..................................	862	
ARTILLERIE	Artillerie de ligne..........................	1,383	1,574
	Artillerie de volontaires....................	191	
GÉNIE.	....	500	
	TOTAL.....................................	21,760	

Indépendamment de la garde civique affectée plus spécialement à la police de la ville, et dont l'effectif s'élevait à environ..... 12,000

PIÈCE N° 17.

ORDRE DU 25 JUIN 1849,
SPÉCIAL AU SERVICE DU GÉNIE.

A l'avenir, les brigades de sapeurs qui prennent le service de la tranchée arriveront au dépôt de tranchée à la même heure que les travailleurs d'infanterie. Le garde Oberlender transmettra, aux officiers commandant ces brigades, les ordres qu'il aura reçus du chef d'attaque; ces ordres leur indiqueront le nombre de travailleurs, de gabions, de fascines, d'outils, que chaque chef de brigade doit prendre, et le lieu où il doit se rendre avec ses travailleurs et les approvisionnements. Le détail des travaux à exécuter sera donné aux chefs de brigade, sur les lieux, ou par les officiers de l'état-major du génie, ou par les chefs de brigade qu'ils viennent relever.

Les sergents-majors des compagnies ne feront plus partie des brigades de sapeurs; chaque jour il y en aura un de commandé pour être, pendant douze heures de suite, à la disposition de l'officier supérieur chef d'attaque.

Dès que les brigades de sapeurs seront parties du dépôt de tranchée avec les travailleurs d'infanterie, le garde Oberlender prendra avec lui tous les travailleurs d'infanterie restant encore au dépôt de tranchée; il les conduira au pied de la courtine (6-7), où ils demeureront en réserve pour les cas imprévus, et il prendra les ordres du chef d'attaque pour la journée ou la nuit suivante.

Il sera fait un dépôt d'outils au pied de la courtine (6-7); le garde Bellas est chargé de ce soin. Il devra aussi, avec 8 hommes pris sur la réserve des travailleurs, faire parcourir les tranchées où l'on ne travaille plus, pour y ramasser les outils oubliés ou démanchés, et les faire porter soit dans le fossé de la courtine (6-7), s'ils sont en bon état, soit au dépôt de tranchée, s'ils ont besoin d'être réparés.

PIÈCE N° 18.

ORDRE GÉNÉRAL POUR L'OUVERTURE DE LA TRANCHÉE.

La tranchée sera ouverte aujourd'hui, 4 juin, à partir de l'église San-Pancrazio, où elle appuiera sa gauche, jusqu'aux escarpements qui descendent à la via Portuense, vis-à-vis du Testaccio. A cet effet, 1,200 travailleurs, pris dans la 2ᵉ division, seront réunis ce soir, à huit heures et demie, dans le chemin du Monte-Verde, qui avoisine le dépôt de tranchée, vis-à-vis et au-dessous de la villa San-Carlo. Ces troupes, mises à la disposition du service du génie pour le travail à exécuter cette nuit, seront réunies par les soins du major de tranchée, et partagées en autant de détachements qu'il sera nécessaire, sans toutefois fractionner les compagnies.

Chaque homme recevra, au dépôt de tranchée, une pelle et une pioche. Les détachements, conduits par les officiers du génie aux lieux où le travail doit s'exécuter, observeront constamment le plus grand silence, seront couchés ou assis le long du tracé qui leur aura été assigné, et resteront immobiles jusqu'au moment où se transmettra, à voix basse, le commandement de *haut-les-bras*. A ce signal, les hommes se mettront à creuser la terre et à la jeter du côté de la place. L'excavation à faire par chaque travailleur aura pour longueur la pelle, manche et fer compris, pour largeur un mètre, pour profondeur un mètre.

Il ne devra pas y avoir de lacune ou d'interruption dans la tranchée. Aussitôt que le travail sera parvenu à ce degré d'avancement, les travailleurs de chaque détachement seront renvoyés.

Demain, à quatre heures du matin, les travailleurs de nuit seront remplacés par un pareil nombre de travailleurs, qui seront fournis par la 3ᵉ division (13ᵉ et 16ᵉ léger). Ils porteront la tranchée à 2 mèt. 50 cent. de largeur au fond, en lui conservant la même profondeur.

Les travailleurs auront la capote, le fusil et la cartouchière.

Deux bataillons seront commandés, dans la 2ᵉ division, pour la garde de tranchée; ils seront sous les ordres du général de jour. Du reste, toutes les prescriptions contenues dans le paragraphe 19 de l'ordonnance sur le service en campagne seront scrupuleusement observées. Les officiers généraux veilleront à ce qu'on ne s'en écarte en aucune façon.

Le général Chadeysson prendra, ce soir, le service de la tranchée pour les vingt-quatre heures.

Le lieutenant-colonel Sol, du 33e de ligne, remplira les fonctions de major de tranchée. Pendant la durée du siége, il aura sous ses ordres, comme aides-majors de tranchée, MM. Chevalier, capitaine au 20e de ligne, Tondu, capitaine au 66e, et d'Acher, capitaine au 68e.

Le général Rostolan, commandant la 2e division, concentrera sa division pour appuyer, au besoin, l'opération.

Une compagnie de chasseurs à pied ira relever aujourd'hui les sapeurs du génie à la maison dite des *six volets verts*, près de San-Carlo. La 3e compagnie du 1er bataillon du 2e régiment du génie, détachée à Pamfili, rejoindra immédiatement le quartier général du génie à San-Carlo.

Demain 5, à quatre heures du soir, les bataillons de garde à la tranchée seront fournis par la 2e division et la 3e, conformément au règlement.

A la même heure et de la même façon, c'est-à-dire par parties égales, les travailleurs seront fournis par la 2e et la 3e division.

Le général Levaillant (Charles) prendra le service à quatre heures du soir, le 5.

Le Général, Commandant en chef,
Signé OUDINOT DE REGGIO.

PIÈCE N° 19.

LE GÉNÉRAL VAILLANT AU GÉNÉRAL OUDINOT DE REGGIO.

San-Carlo, 8 juin 1849.

Mon Général,

Le moment est venu d'utiliser les excellents moyens de protection que nous offrent les chasseurs de Vincennes : je demande donc que, chaque jour, une compagnie de ces habiles tireurs soit désignée pour être de service à la tranchée. Ils seront placés aux endroits qui leur seront spécialement indiqués par les officiers de l'artillerie ou du génie, et auront pour mission de faire feu, par des créneaux en sacs à terre, sur tout ce qui paraîtra sur le rempart, principalement aux embrasures. L'effet de l'arme de nos chasseurs sera d'autant plus puissant, qu'on pourra leur indiquer, de la manière la plus précise, la distance à laquelle ils se trouveront de leurs ennemis.

PIÈCE N° 20.

Le général commandant le génie rendit compte au ministre de la guerre, dans les termes suivants, de la sortie tentée le 12 juin :

San-Carlo, le 18 juin 1849.

. . . .

L'espèce de demi-lune que vous voyez figurée devant le front (6-7) nous a gênés et retardés. Aucun plan, aucun renseignement ne nous faisait soupçonner cet ouvrage, dont le relief disparaissait au milieu des hautes vignes environnantes. L'ennemi, dans la matinée du 12, a voulu profiter de l'embarras où la rencontre inattendue de cet ouvrage crénelé avait mis nos travailleurs, et a essayé contre eux une attaque assez vive, qui aurait pu avoir des résultats fâcheux pour nous, si mon chef d'état-major, le colonel Niel, ne s'était pas trouvé sur les lieux : la vigueur de cet officier et les sages dispositions qu'il sut prendre obligèrent l'ennemi à abandonner la demi-lune, dans laquelle il laissa une trentaine des siens. Je suis heureux d'avoir à vous signaler le nouveau service que nous a rendu le colonel Niel dans cette circonstance.

PIÈCE N° 21.

ORDRE GÉNÉRAL.

Soldats !

Déjà hier votre bravoure et votre persévérance vous avaient permis d'établir vos batteries à près de 100 mètres des remparts de Rome.

Avant d'attaquer directement la place, j'ai fait la notification suivante :

« Habitants de Rome,

« Nous ne venions pas vous apporter la guerre; nous venions affermir
« chez vous l'ordre et la liberté ! Les intentions de notre Gouvernement
« ont été méconnues.

« Les travaux de siége nous ont amenés devant vos remparts. Jusqu'à
« présent, nous n'avons voulu répondre qu'à de rares intervalles au feu
« de vos batteries. Nous touchons à l'instant suprême où les nécessités
« de la guerre éclatent en terribles calamités.

« Évitez-les à une cité remplie de tant de glorieux souvenirs. Si vous
« persistez à nous repousser, à vous seuls appartiendra la responsabilité
« d'irréparables désastres. »

Cet appel à la conciliation n'est point parvenu à son adresse. Le gouvernement qui opprime les habitants de Rome a répondu, à des paroles de paix, par le refus d'écouter un langage empreint de tant de modération.

Soldats ! peu d'heures se sont écoulées, et déjà vos batteries de brèche ont fait éprouver aux batteries ennemies les plus notables dommages. Puisqu'on nous contraint à faire le siége de Rome, nous accomplirons notre devoir dans toute son étendue; le succès ne saurait être un instant douteux.

La France a mis en vous toute sa confiance : vous justifierez son attente.

Au quartier général à Santucci, 13 juin 1849.

Le Général, Commandant en chef,
Signé OUDINOT DE REGGIO.

PIÈCE N° 22.

ORDRE GÉNÉRAL DE L'ARMÉE POUR L'ASSAUT DU 21 JUIN.

Quartier-général de Villa Pamfili, le 20 juin 1849.

Pour multiplier les chances de succès, en ce qui concerne l'attaque de la place, le général en chef prescrit les dispositions suivantes :

6 compagnies d'élite, dont 3 de grenadiers et 3 de voltigeurs, complétées à 100 hommes au moins, seront désignées aujourd'hui pour monter à l'assaut; elles seront sous les ordres des chefs de bataillon de Cappe, Dantin et Sainte-Marie, et seront fournies par les régiments auxquels appartiennent ces officiers supérieurs, 32°, 36° et 53° de ligne. Ces 6 compagnies d'élite formeront trois colonnes d'assaut, à chacune desquelles seront attachés 30 sapeurs du génie. Ces trois colonnes d'assaut seront sous le commandement du chef de bataillon de Cappe. Chacun des autres régiments de la 2° division (22° léger, 66° et 68° de ligne) fournira également 2 compagnies d'élite pour former la réserve; ces 6 compagnies seront sous les ordres du commandant de Tourville, du 66° de ligne.

Les colonnes d'assaut et la réserve auront pour commandant supérieur le lieutenant-colonel Tarbouriech, du 36° de ligne, qui restera provisoirement avec la réserve.

Les 16° et 25° léger fourniront les travailleurs de la brèche. A cet effet, deux compagnies d'élite de chaque régiment fourniront deux détachements de 150 hommes chacune. Les travailleurs seront dirigés par les officiers du génie.

Les colonnes d'attaque, la réserve et les travailleurs seront réunis à neuf heures et demie du soir en arrière des batteries de brèche, sur les emplacements qui seront indiqués par le major de tranchée. Chacune des trois colonnes d'assaut montera, sans bruit, à la brèche qui lui sera désignée par le colonel Niel, chef d'état-major du génie.

Si ces colonnes ne rencontrent pas d'obstacles sérieux, elles s'établiront en avant des brèches, à une distance qui ne peut être fixée à l'avance, mais que les commandants apprécieront facilement en voyant le terrain et le genre d'obstacles.

Cette distance devra être assez grande pour laisser parfaitement libres les emplacements sur lesquels doivent être établis les travailleurs à la gorge du bastion. Dès que les colonnes d'attaque auront choisi leurs positions, les hommes se blottiront, prêts à faire feu sur tout ce qui approcherait.

Les deux colonnes de travailleurs portant des gabions iront, à la suite des colonnes d'attaque, et sous la conduite des officiers du génie, occuper la gorge des deux bastions, et y feront un logement dans toute la longueur de ces gorges.

La brèche du centre, pratiquée dans la courtine, ne sera point couronnée de gabions, afin de maintenir libres les communications pour les retours offensifs et pour l'arrivée de la réserve. Cette réserve sera établie dans les tranchées les plus rapprochées de la brèche du milieu; elle sera prête à être conduite immédiatement, par le commandant de Tourville, au secours des colonnes d'attaque, dès que son appui deviendra nécessaire.

Dans le cas où toutes ces troupes se trouveraient trop vivement poussées, elles se retireraient par la brèche du milieu et non point par celles des bastions, pour ne pas déranger les travailleurs, qui seuls, au besoin, devraient se servir de ces dernières brèches.

Indépendamment de ces diverses colonnes, la garde de tranchée sera composée, comme à l'ordinaire, de 2 bataillons, qui seront placés en arrière des batteries de brèche. Ces troupes se mettront en mouvement pour remplacer la réserve, dès que celle-ci quittera la 3ᵉ parallèle.

Ces bataillons, aux ordres de l'officier général de tranchée, seront particulièrement chargés d'observer les sorties que l'ennemi pourrait vouloir tenter, soit de la porte San-Pancrazio, soit de tout autre côté.

Les troupes de la 2ᵉ division, non employées à l'assaut ou à la tranchée, seront en réserve sur le plateau du Monte-Verde, prêtes à agir suivant les circonstances.

La brigade d'infanterie de la 1ʳᵉ division, ainsi que la 1ʳᵉ brigade de la 3ᵉ division, prendront les armes à la même heure que les colonnes d'attaque et se tiendront prêtes à agir au premier ordre.

A huit heures, un détachement composé d'un bataillon du 22ᵉ léger prendra position à San-Paolo.

Cette colonne mobile, sous les ordres du lieutenant-colonel Espinasse, fera une forte diversion sur la rive gauche du Tibre inférieur, avant et pendant l'assaut. Toutes les batteries disponibles seront prêtes à atteler dès neuf heures du soir. La brigade de cavalerie sera disposée de manière à protéger spécialement le grand parc, le quartier général, et à se lier par Corviale à la villa Maffei. Ce dernier camp restera occupé par un bataillon du 13ᵉ léger et 50 dragons. De son côté, le général de division Guesviller, avec une section de chasseurs à pied, 3 bataillons du 13ᵉ et du 25ᵉ léger, 50 chasseurs à cheval et 4 pièces d'artillerie, opérera une puissante diversion vers la villa Borghèse et la porte du Peuple. En conséquence, cet officier général partira de Ponte-Molle à six heures du soir, pour aller prendre position près de la ville et sur la rive gauche du Tibre supérieur.

Les officiers généraux donneront les instructions les plus précises, pour qu'il ne reste au camp que les gardes de police strictement nécessaires et les cuisiniers, pris parmi les hommes les moins disponibles.

La tenue devra être aussi régulière que possible.

Les troupes composant les colonnes d'attaque, la réserve, ainsi que les 2 bataillons de tranchée, seront sans sac. Elles auront en sautoir, de gauche à droite, leurs sacs de campement : les 40 cartouches de réserve et une ration de biscuit seront renfermées avec soin dans ces sacs.

Les travailleurs seront dans la tenue habituelle.

Les troupes qui n'auront pas de service spécial, mais qui seront prêtes à agir, auront leur havre-sac, mais elles n'emporteront ni les tentes-abris, ni les couvertures, ni les effets de campement.

Les officiers généraux auront leur ceinture en signe de commandement.

Le Général, Commandant en chef,
Signé OUDINOT DE REGGIO.

PIÈCE N° 23.

Au 28 mai, l'artillerie pouvait mettre en batterie :

   4 canons de 24,
   6 canons de 16,
   4 obusiers de 22 centimètres,
   4 mortiers de 22 centimètres.

Au 9 juin, elle avait en plus :

   4 canons de 24 (avec 2 affûts),
   12 canons de 16 (sans affûts).

Au 21 juin, elle débarqua les affûts de 24 et de 16 qui lui manquaient, plus les bouches à feu ci-après indiquées :

   2 mortiers de 27 centimètres,
   2 mortiers de 22 centimètres,
   6 mortiers de 15 centimètres.

Les 2 mortiers de 22 centimètres et les 6 de 15 centimètres furent conduits à la tranchée dès le 23 au soir.

PIÈCE N° 24.

EXTRAIT DE L'ORDRE DU 24 JUIN.

.... Le nombre des généraux de brigade qui font le service de la tranchée étant devenu trop restreint, les deux plus anciens colonels de l'armée concourront à ce service.

Les gardes de tranchée et les travailleurs se rendront au dépôt de tranchée à six heures du soir, au lieu de quatre heures. Les travailleurs du matin continueront d'arriver à quatre heures du matin.

EXTRAIT DE L'ORDRE DU 26 JUIN.

.... Les colonels *Chenaux*, du 66°, *de Leyritz*, du 68°, *d'Autemarre*, du 53°, feront, à l'avenir, le service de général de tranchée. Les lieutenants-colonels des régiments d'infanterie employés au siége, qui ne sont pas investis de fonctions spéciales, feront le service de colonel de tranchée.

PIÈCE N° 25.

LE GÉNÉRAL VAILLANT AU MINISTRE DE LA GUERRE.

Santucci, le 2 juillet 1849.

Monsieur le Ministre,

Lorsque cette lettre vous parviendra, le télégraphe vous aura déjà fait connaître notre entrée dans Rome; mais nos derniers travaux d'attaque ne vous sont pas encore connus. Le plan que j'ai l'honneur de vous adresser, ci-joint, vous montrera quels ont été ces travaux.

Dans ma lettre du 27 juin, je vous disais que les batteries placées dans les bastions (6) et (7) et sur la courtine (6-7) avaient engagé un vif combat avec les batteries ennemies. La lutte avait recommencé le 28 juin à la pointe du jour, mais pour se terminer peu d'heures après, tout à notre avantage.

Pendant ce temps, une 4ᵉ batterie de 3 pièces de 16 (tout ce qui restait disponible) avait été construite dans le fossé, au saillant du bastion (7), pour contre-battre et ouvrir le flanc gauche du bastion (8). La brèche, quoique mauvaise encore, m'ayant cependant paru praticable le 29 au soir, je proposai au général en chef de donner l'assaut au bastion (8), le 30 juin, à la petite pointe du jour. Cet assaut direct, secondé par le passage par la brèche du bastion (7) d'une colonne qui, en même temps qu'elle se porta sur les tranchées de l'ennemi vis-à-vis d'elle, détacha une compagnie d'élite qui vint attaquer le bastion (8) par la gorge, cet assaut, dis-je, a eu un succès inespéré. C'est l'acte le plus vigoureux du siége. L'ennemi, retranché dans le bastion (8), en avait fait une espèce de citadelle, et attachait à la conservation de ce point une importance bien justifiée par le commandement du bastion sur tout ce qui l'environne, par l'étendue de son terre-plain, le voisinage de la porte San-

Pancrazio, etc. Aussi, dès le 30 juin, quelques heures seulement après l'assaut, l'ennemi a-t-il parlé de capitulation; et ce soir ou demain nous serons maîtres de tout.

La joie que j'éprouve, Monsieur le Ministre, d'avoir pu mener à bonne fin l'opération que vous avez bien voulu me confier, est cruellement troublée par la gravité des blessures que mon aide de camp et ami, le commandant Galbaud-Dufort, a reçues dans l'assaut du 30 juin. Vous connaissez cet excellent officier, Monsieur le Ministre, et comprendrez quels doivent être mes regrets.

Le général en chef vous rendra compte de la conduite de toutes les troupes sous ses ordres; mais il m'appartient de vous dire, dès aujourd'hui, que je n'ai que des éloges à faire relativement au zèle et au dévouement dont les officiers et les troupes du génie n'ont cessé de donner des preuves dans cette courte, mais très-pénible campagne. J'ai retrouvé ici le corps du génie tel que je l'ai constamment vu dans toute ma carrière militaire, c'est-à-dire ayant à un haut degré le sentiment du devoir et des obligations qu'impose l'honneur de servir la France.

PIÈCE N° 26.

ORDRE GÉNÉRAL.

Le Général en chef reçoit à l'instant la notification ci-après :

ASSEMBLÉE NATIONALE LÉGISLATIVE.

L'Assemblée a adopté la résolution suivante :

« L'Assemblée nationale, en apprenant le succès définitif de nos armes dans l'expédition d'Italie, vote des remercîments à l'armée expéditionnaire et à ses chefs, qui ont su concilier dignement les devoirs de la guerre avec le respect dû à la capitale du monde chrétien.

« L'Assemblée vote également des remercîments à la marine.

« Délibéré en séance publique à Paris, le 10 juillet 1849.

Le Président et les Secrétaires,

Signé DUPIN; ARNAUD (DE L'ARIÉGE), LACAZE, PEUPIN, CHAPOT, BÉRARD, HEECKEREN.

Cet éclatant et solennel témoignage de satisfaction de l'Assemblée est la plus haute et la plus glorieuse récompense que pût ambitionner l'armée : officiers, sous-officiers et soldats y trouveront de nouveaux motifs d'émulation et de dévouement au pays.

Le Général en chef vient de recevoir en même temps les avancements dans les corps et les promotions dans la Légion d'honneur, accordés par le Président de la République; il s'empresse de les faire connaître à l'armée. Il est heureux de pouvoir y joindre les témoignages particuliers de satisfaction du Président de la République et du ministre de la guerre.

L'armée tout entière en sera profondément reconnaissante. Le Général en chef se plaît à les reproduire ici textuellement [1].

Rome, le 20 juillet 1849.

Le Général en chef,
Signé OUDINOT DE REGGIO.

---

[1] Voir la pièce n° 27.

PIÈCE N° 27.

LETTRE DU MINISTRE DE LA GUERRE AU GÉNÉRAL OUDINOT DE REGGIO.

Paris, le 13 juillet 1849.

Général, je vous ai déjà fait connaître, dans une dépêche télégraphique, la vive satisfaction du Président de la République et du cabinet tout entier, pour la conduite du corps expéditionnaire d'Italie.

Je tiens à vous en renouveler l'expression d'une manière plus explicite. Le Gouvernement rend pleine justice aux talents développés par les généraux dans cette savante et laborieuse opération du siége; il applaudit avec empressement au bon esprit des soldats, à leur ardeur et à leur bravoure.

La France leur sait gré d'avoir montré qu'ils seraient en état de reproduire des hauts faits égaux à ceux de nos grandes guerres; il ne leur manque que l'occasion.

Elle s'enorgueillit des succès qu'ils ont obtenus; elle compte sur leur discipline et leur générosité pour jeter un nouvel éclat sur la victoire. Leurs camarades restés en France envient le poste d'honneur qui leur est échu.

Dans un corps d'armée qui a si bien servi, je ne puis citer tous les noms qui méritent des éloges; mais j'adresse spécialement mes félicitations à vous, Général, comme commandant en chef; au général Vaillant, pour la conduite du siége et les travaux du génie; au général Thiry, pour les services éminents rendus par l'artillerie; aux généraux Rostolan, Guesviller, Regnaud de Saint-Jean-d'Angély et à leurs divisions, pour leur coopération dévouée. L'administration militaire et tous les services qui s'y rattachent méritent également d'être cités.

Le Ministre de la guerre,

Signé RULLIÈRE.

SIÉGE DE ROME.

PIÈCE N° 28.

ÉTAT NOMINATIF DES OFFICIERS
ET EMPLOYÉS DE L'ÉTAT-MAJOR ET DES TROUPES DE L'ARTILLERIE AYANT PRIS PART AUX OPÉRATIONS DU SIÉGE DE ROME.

(Situation au 2 juillet 1849.)

NOMS.	GRADES.	EMPLOIS.
	1° ÉTAT-MAJOR.	
Thiry	Général de brigade	Commandant de l'artillerie du corps expéditionnaire.
Larchey	Lieutenant-colonel	Directeur du parc, commandant la réserve.
Béret	Chef d'escadron	A la disposition du général d'artillerie.
Devaux	Idem	Commandant l'artillerie de la 3° division.
Soleille	Idem	Chef d'état-major de l'artillerie.
Bourdeau	Idem	Commandant l'artillerie de la 2° division.
Rat, dit Lerat	Idem	Sous-directeur du parc.
Gaudelet	Capitaine en premier	Adjoint au directeur du parc.
Toussaint	Idem	Aide de camp de M. le général Thiry.
De Pistoris	Idem	Commandant l'artillerie à Civita-Vecchia.
Luzer	Capitaine en second	Adjoint au directeur du parc.
De Faultrier	Idem	Adjoint à l'état-major.
Chopin	Idem	Adjoint au commandant Béret.
Fourcheut Montrond	Idem	Adjoint au commandant Devaux.
Grouvel	Idem	Adjoint au sous-directeur du parc.
Saint-Remy	Idem	Adjoint au commandant Bourdeau.
Sahuqué	Idem	Adjoint à l'état-major.
Puybonnieux	Garde de 2° classe	Attaché au parc d'artillerie.
Rouillon	Idem	Idem.
Magnand	Idem	Employé à Civita-Vecchia.
Martourey	Réviseur d'armes	Attaché au parc d'artillerie.
Mangeot	Maître artificier	Idem.
Bizot	Chef artificier	Idem.

SIÉGE DE ROME.

2° TROUPES.

DÉSIGNATION DES CORPS.	NOMS.	GRADES.	EMPLOIS.
1re division. 3e régiment, 13e batterie.	Serrand............. Armand............. Revel............... Cauvière............	Capitaine en premier.... Capitaine en second. Lieutenant en premier. Lieutenant en second.	Commandant la batterie.
2e division { 3e régim¹, 12e batterie...	Pinel............... Mansiot............. Monniot............. Dejean..............	Capitaine en premier.... Capitaine en second. Lieutenant en premier. Lieutenant en second.	Commandant la batterie.
7e régim¹, 6e batterie...	Canu................ Vivier............... Gouy................ Maillard.............	Capitaine en premier.... Capitaine en second. Lieutenant en premier. Lieutenant en second.	Commandant la batterie.
3e division. 5e régiment, 12e batterie.	Grimaudet de Rochebouët.... Brisac............... Lefèvre de Gouy......... De Contamine......... Tricoche............	Capitaine en premier.... Capitaine en second. Lieutenant en premier. Lieutenant en second. Idem................	Commandant la batterie. Appartient au 5e régim¹. Avait été attaché à la 12e batterie du 5e, avant l'arrivée de M. de Contamine.
Réserve. 14e régiment, 7e batterie....	Roget............... Muret............... Dauvergne........... Carré...............	Capitaine en premier.... Capitaine en second. Lieutenant en premier. Lieutenant en second.	Commandant la batterie.
Batteries de siége. { 1er régim¹, 16e batterie...	Lablache-Combier......... Capitant............. Garnache............ Portes...............	Capitaine en premier.... Capitaine en second. Lieutenant en premier. Lieutenant en second.	Commandant la batterie.
3e régim¹, 16e batterie...	Gachot.............. Michel............... Forillon............. Lagrive..............	Capitaine en premier.... Capitaine en second. Lieutenant en premier. Lieutenant en second.	Commandant la batterie.
8e régim¹, 16e batterie...	Barbary de Langlade........ Bianchetti........... Jacquot.............. Spy.................	Capitaine en premier.... Capitaine en second. Lieutenant en premier. Lieutenant en second.	Commandant la batterie.
11e régim¹, 15e batterie..	Besençon............ O'Farell............. Michaux.............	Capitaine en premier.... Capitaine en second. Lieutenant en second.	Commandant la batterie.
11e régim¹, 16e batterie.	Prélat.............. Chaslin.............. Maréchal............	Capitaine en premier.... Lieutenant en premier. Lieutenant en second.	Commandant la batterie.
15e régim¹ (pontonniers), 7e compagnie	Blondeau............ Favre............... Rossin...............	Capitaine en premier.... Capitaine en second. Lieutenant en premier.	Commandant la compagnie.
Ouvriers d'artillerie, 5e compagnie...	Julia................ Declume.............	Capitaine en premier.... Lieutenant en premier.	Commandant la compagnie.
4e escadron du train des parcs d'artillerie, 5e compagnie...............	Lépousé.............	Sous-lieutenant........	Commandant la compagnie.

SIÉGE DE ROME.

SITUATION EFFECTIVE DES TROUPES DE L'ARTILLERIE
ATTACHÉES AU CORPS EXPÉDITIONNAIRE DE LA MÉDITERRANÉE, À LA DATE DU 2 JUILLET 1849.

DÉSIGNATION DES CORPS.	HOMMES.			CHEVAUX			OBSERVATIONS.
	OFFICIERS.	TROUPE.	TOTAL.	D'OFFICIERS.	de TROUPE.	TOTAL.	
1re division. 3e régim^t d'artillerie, 13e batterie.	4	186	190	4	91	95	
2e division { 3e régim^t d'artillerie, 12e batt^e.	4	200	204	4	94	98	
7e............ 6e.....	4	191	195	6	194	200	
3e division.. 5e............ 12^......	4	203	207	6	209	215	
Réserve.... 14e............. 7e.....	4	207	211	7	189	196	
Batteries de siége. { 1er............ 16e......	4	136	140	4	"	4	
3e............ 16e......	4	146	150	6	"	6	
8e............ 16e......	4	133	137	3	"	3	
11e............ 15e.....	3	147	150	1	"	1	
11e............ 16e.....	3	134	137	3	"	3	
15e régiment (pontonniers), 7e compagnie...	3	127	130	4	"	4	
Ouvriers d'artillerie, 5e compagnie.........	2	50	52	"	"	"	
4e escadron du train des parcs, 3e compagnie.	1	134	135	1	205	206	
TOTAUX..........	44	1,904	2,038	49	982	1,031	

SIÉGE DE ROME.

PIÈCE N° 29.

ÉTAT NOMINATIF DES OFFICIERS

ET EMPLOYÉS DE L'ÉTAT-MAJOR ET DES TROUPES DU GÉNIE, QUI ONT PRIS PART AUX OPÉRATIONS DU SIÉGE DE ROME.

NOMS.	GRADES.	EMPLOIS.	OBSERVATIONS.
		1° ÉTAT-MAJOR.	
Vaillant	Général de division	Commandant le génie du corps expéditionnaire.	
Niel	Colonel	Chef d'état-major du génie.	
Ardant	Lieutenant-colonel	A l'état-major	Monta sa 1re tranchée le 26 juin.
Leblanc	Idem	Idem.	
Goury	Chef de bataillon	Idem.	
Galbaud-Dufort	Idem	Aide de camp du général Vaillant	Mort de ses blessures à la suite de l'assaut du 30 juin.
Frossard	Idem	A l'état-major.	
Regnault	Capitaine	Idem	Monta sa 1re tranchée le 24 juin.
Gras (André)	Idem	Idem	Idem le 27 juin.
Boissonnet	Idem	Idem.	
Ragon	Idem	A l'état-major, faisant fonctions de directeur du parc.	
Bonfillou	Idem	Idem	Arrivé le dernier jour du siége.
Schœnagel (Auguste)	Idem	Idem	Monta sa 1re tranchée le 25 juin.
Doutrelaine	Idem	Idem	Idem le 15 juin.
Prévost	Idem	Idem	Idem le 20 juin.
Urquin	Garde de 2e classe	Employé au bureau du général.	
Bellas	Idem	Attaché au parc du génie.	
Oberlender	Idem	Idem.	
Toutal	Idem	Employé à la comptabilité.	

SIÉGE DE ROME.

DÉSIGNATION DES CORPS.		NOMS.	GRADES.	EMPLOIS.	OBSERVATIONS.
		2° TROUPES.			
1ᵉʳ régiment du génie.	1ᵉʳ bataillon, 4ᵉ compagnie..........	Touvenaint..........	Capitaine en premier.....	Command' la compagnie.	Cette compagnie a pris le service le 24 juin.
		Renucci..........	Lieutenant en premier.		
		Loyre..........	Lieutenant en second.		
	2ᵉ bataillon, mineurs.	Pissis..........	Capitaine en premier.....	Command' la compagnie.	A pris le service le 30 juin.
		Coortin..........	Lieutenant en premier.		
		Gaguiard..........	Lieutenant en second.		
	2ᵉ bataillon, 5ᵉ compagnie..........	De Jouslard..........	Capitaine en second.....	Command' la compagnie.	Tué à l'assaut du 21 juin.
		Guillemard..........	Lieutenant en second....	....	Le capitaine Doutrelaine a pris, le 22, le commandement de cette compagnie.
		Garcet..........	Idem.		
2ᵉ régiment du génie.	1ᵉʳ bataillon, 3ᵉ compagnie..........	Puiggari..........	Capitaine en premier.....	Command' la compagnie.	
		Dumont..........	Capitaine en second.		
		Bigault de Casanove.....	Lieutenant en premier.		
		Largillier..........	Lieutenant en second.		
	2ᵉ bataillon, 4ᵉ compagnie..........	Darceau..........	Capitaine en second.....	Command' la compagnie.	
		Veilhan..........	Idem.		
		Soulé..........	Lieutenant en premier.		
		Audemard..........	Idem.		
	2ᵉ bataillon, 7ᵉ compagnie..........	Mayette..........	Capitaine en premier.....	Command' la compagnie.	A pris le service le 11 juin.
		Denfert-Rochereau......	Lieutenant en premier.		
		Brière..........	Idem.		

SITUATION EFFECTIVE DES TROUPES DU GÉNIE

APRÈS L'ENTRÉE DANS ROME, AU 5 JUILLET 1849.

DÉSIGNATION DES CORPS.		HOMMES.			CHEVAUX			OBSERVATIONS.
		OFFICIERS.	TROUPE.	TOTAUX.	D'OFFICIERS.	DE TROUPE.	TOTAUX.	
1er régiment du génie.	1er bataillon, 4e compagnie..	3	149	152	1	6	7	
	2e bataillon, mineurs.......	3	153	156	»	6	6	
	2e bataillon, 5e compagnie ..	3	155	158	»	7	7	
2e régiment du génie.	1er bataillon, 3e compagnie..	4	145	149	»	5	5	
	2e bataillon, 4e compagnie ..	4	144	148	1	5	6	
	2e bataillon, 7e compagnie...	3	145	148	4	6	10	
3e régiment........	Sapeurs conducteurs...	»	26	26	»	40	40	Détachement commandé par un maréchal des logis.
	Totaux..........	20	917	937	6	75	81	

SIÉGE DE ROME.

CORPS EXPÉDITIONNAIRE
DE LA MÉDITERRANÉE.

ARTILLERIE.

PIÈCE N° 30.

ÉTAT NOMINATIF DES OFFICIERS,
SOUS-OFFICIERS, BRIGADIERS ET CANONNIERS TUÉS OU BLESSÉS AU SIÉGE DE ROME.
(Y compris les pertes du 30 avril.)

DATE de la mort ou de la blessure.	NOMS.	GRADES.	RÉGIMENTS ET BATTERIES.	TUÉS OU BLESSÉS.	OBSERVATIONS.
30 avril	Fabar	Capitaine en premier		Tué.	
Idem	Pachon	Lieutenant en premier	3ᵉ régiment	Idem.	
Idem	Thiriet	Artificier	3ᵉ régiment, 12ᵉ batterie.	Blessé.	
Idem	Grison	Idem	Idem...idem	Idem.	
Idem	Giraudeau	1ᵉʳ servant	3ᵉ...13ᵉ	Idem.	
Idem	Santôt	2ᵉ servant	3ᵉ...12ᵉ	Idem.	
Idem	Levrion	Idem	Idem...idem	Idem.	
Idem	Marce	2ᵉ conducteur	Idem...idem	Idem.	
3 juin	Fonrobert	Adjudant	5ᵉ...12ᵉ	Tué.	Mort le 4.
Idem	Schmitt	Artificier	Idem...idem	Blessé.	
5 juin	Gachot	Capitaine en premier	3ᵉ...16ᵉ	Idem.	
Idem	Ournac	1ᵉʳ soldat	4ᵉ esc. du train des parcs, 3ᵉ compagnie.	Idem.	
Idem	Leblanc	2ᵉ servant	3ᵉ régiment, 16ᵉ batterie.	Idem.	
Idem	Sauvage	Idem	Idem...idem	Idem.	
6 juin	Clerc	Lieutenant en second	8ᵉ...16ᵉ	Tué.	
Idem	Casties	2ᵉ servant	3ᵉ...16ᵉ	Blessé.	
8 juin	Gruker	Brigadier	Idem...idem	Tué.	
Idem	Fodeau	2ᵉ servant	Idem...idem	Blessé.	
9 juin	Kaempf	Maréchal des logis	7ᵉ...6ᵉ	Tué.	
11 juin	Mijoute	2ᵉ servant	3ᵉ...16ᵉ	Idem.	
13 juin	Charvet	1ᵉʳ servant	3ᵉ...13ᵉ	Blessé.	
Idem	Brillat	2ᵉ servant	Idem...idem	Idem.	
Idem	Grimaud	Idem	3ᵉ...12ᵉ	Idem.	
Idem	Brocart	Idem	Idem...idem	Idem.	
14 juin	Descroix	Maréchal des logis	Idem...idem	Idem.	
Idem	Doré	2ᵉ conducteur	Idem...idem	Idem.	
Idem	Labarre	2ᵉ servant	5ᵉ...12ᵉ	Idem.	
Idem	Orial	Idem	Idem...idem	Idem.	
15 juin	Grand	Maréchal des logis	Idem...idem	Tué.	
Idem	Guibert	1ᵉʳ servant	3ᵉ...12ᵉ	Blessé.	
Idem	Didime	2ᵉ servant	3ᵉ...13ᵉ	Idem.	

SIÉGE DE ROME.

DATE de la mort ou de la blessure.	NOMS.	GRADES.	RÉGIMENTS et batteries.	TUÉS ou blessés.	OBSERVATIONS.
16 juin	Berthelin	2ᵉ servant	3ᵉ régiment, 12ᵉ batterie	Blessé.	
17 juin	Grand-Jean	2ᵉ conducteur	5ᵉ.... 12ᵉ	Idem.	
19 juin	Cauvière	Lieutenant en second	3ᵉ.... 13ᵉ	Idem.	
Idem	Gouy	Lieutenant en premier	7ᵉ.... 6ᵉ	Idem.	
Idem	Veyet-Décaud (Jean-Baptiste)	Brigadier	8ᵉ.... 16ᵉ	Idem.	
Idem	Mongenot	Artificier	5ᵉ.... 12ᵉ	Tué.	
Idem	Huger	1ᵉʳ servant	Idem. idem	Blessé.	
Idem	Girardot	2ᵉ servant	Idem. idem	Idem.	
Idem	Chastang	Idem	Idem. idem	Idem.	
20 juin	Tarride (Jean-Pierre)	1ᵉʳ conducteur	14ᵉ.... 7ᵉ	Idem.	
Idem	Héligenstein	1ᵉʳ servant	5ᵉ.... 12ᵉ	Tué.	
21 juin	Roy (Pierre-Eugène)	Brigadier	14ᵉ.... 7ᵉ	Idem.	Mort le 21.
Idem	Thuyare (Antoine)	1ᵉʳ conducteur	Idem. idem	Blessé.	Mort le 22.
Idem	Marcenac	2ᵉ servant	3ᵉ.... 13ᵉ	Idem.	
Idem	Bonnier	Idem	3ᵉ.... 16ᵉ	Idem.	
22 juin	Derriey	Maréchal des logis	5ᵉ.... 12ᵉ	Tué.	
26 juin	Boncaud (Claude-Marie)	2ᵉ ouvrier	8ᵉ.... 16ᵉ	Blessé.	
27 juin	Canu	Capitaine en premier	7ᵉ.... 6ᵉ	Idem.	
Idem	Brisac	Capitaine en second	5ᵉ.... 12ᵉ	Idem.	
Idem	Tricoche	Lieutenant en second	Idem. idem	Idem.	
Idem	Bourbier (François)	Brigadier	7ᵉ.... 6ᵉ	Idem.	
Idem	Varchon	1ᵉʳ servant	5ᵉ.... 12ᵉ	Idem.	
Idem	Duhamel (Cyriaque)	Idem	7ᵉ.... 6ᵉ	Idem.	
Idem	Levasseur (Henri)	Idem	Idem. idem	Idem.	
Idem	Rebours (Auguste-François)	2ᵉ servant	Idem. idem	Idem.	
Idem	André (Jacques-François)	Idem	Idem. idem	Idem.	
Idem	Blanquart	Idem	5ᵉ.... 12ᵉ	Tué.	
Idem	Oudin	Idem	Idem. idem	Blessé.	
Idem	Schorong (Charles)	1ᵉʳ conducteur	7ᵉ.... 6ᵉ	Tué.	
Idem	Cadoret	Idem	Idem. idem	Blessé.	
Idem	Lacroix	Idem	Idem. idem	Idem.	
Idem	Desdoigts	Idem	Idem. idem	Idem.	
28 juin	Mercklin	Idem	5ᵉ.... 12ᵉ	Idem.	
29 juin	Petit-Jean	Maréchal des logis	7ᵉ.... 6ᵉ	Tué.	
Idem	Carrière	Brigadier	3ᵉ.... 13ᵉ	Blessé.	
30 juin	Langlade	Maréchal des logis	5ᵉ.... 12ᵉ	Idem.	

En résumé, l'artillerie a eu 15 tués, dont 3 officiers et 4 sous-officiers ; 53 blessés, dont 6 officiers et 2 sous-officiers.

SIÉGE DE ROME.

CORPS EXPÉDITIONNAIRE
DE LA MÉDITERRANÉE.

GÉNIE.

PIÈCE N° 31.

ÉTAT NOMINATIF DES OFFICIERS,
SOUS-OFFICIERS, CAPORAUX ET SOLDATS TUÉS OU BLESSÉS AU SIÉGE DE ROME.
(Y compris les blessés du 30 avril.)

| DÉSIGNATION | | | NOMS ET PRÉNOMS. | GRADES. | DÉTAIL DES BLESSURES ET LEUR SUITE. |
des RÉGIMENTS.	des BATAILLONS.	des COMPAGNIES.			
			ÉTAT-MAJOR.		
"	"	"	MM. Galbaud-Dufort (Joseph)	Chef de bataillon	Mort à l'hôpital du Saint-Esprit, le 11 juillet 1849, des suites de deux blessures reçues à l'assaut du bastion 8, le 30 juin, étant chef d'attaque.
"	"	"	Frossard (Charles-Auguste)	Idem	Contusionné d'une balle à la tête, étant chef d'attaque au bastion 7, le 23 juin; a continué son service.
"	"	"	Regnault (Auguste)	Capitaine en premier	Contusionné, à la tête, d'un éclat de pierre, à l'assaut du bastion 8, le 30 juin; a continué son service.
"	"	"	Boissonnet (André-Denis-Alfred)	Idem	Envoyé à la tranchée, le 7 juin 1849, par le général commandant le génie, a eu, en revenant, la jambe cassée par son cheval; est encore à l'hôpital.
			TROUPE.		
1er.	2e.	5e.	De Jouslard (François-Saint-Hubert).	Capitaine en second	Tué à l'assaut du bastion 6, dans la nuit du 21 au 22 juin, à la tête d'une colonne d'attaque.
2e.	1er.	3e.	Puiggari (Antoine-Jean-Baptiste-Xavier).	Capitaine en premier	Blessé à la tranchée, le 18 juin, d'un éclat d'obus à la jambe droite.
2e.	1er.	3e.	Dumont (Jean-Louis)	Capitaine en second	Blessé au pied droit, à l'attaque de la villa Pamfili, le 3 juin 1849; est resté 49 jours à l'hôpital.
2e.	2e.	7e.	Brière (Claude)	Lieutenant en premier	Blessé légèrement d'une balle à l'épaule droite, à l'assaut du 30 juin, dans le bastion 8; n'a pas cessé de faire son service.
2e.	2e.	4e.	Thys (Henri-Benjamin)	Sergent	Blessé très-légèrement à l'oreille par un éclat de pierre; n'a pas cessé de faire son service.
2e.	2e.	4e.	Lagermitte (Jean-Baptiste-Edmond).	Idem	Tué dans la tranchée par un boulet, le 8 juin 1849.

27.

SIÉGE DE ROME.

DÉSIGNATION			NOMS ET PRÉNOMS.	GRADES.	DÉTAIL DES BLESSURES ET LEUR SUITE.
des RÉGIMENTS.	des BATAILLONS.	des COMPAGNIES.			
2º.	2º.	7º.	Robert (Pierre-Marie)........	Sergent............	Blessé d'une balle à l'épaule droite, à l'assaut du 30 juin.
2º.	2º.	7º.	Selmer (Charles-Jean)........	Caporal............	Blessé d'une balle à l'épaule droite, le 30 juin, à la brèche du bastion 8.
1er.	1er.	4º.	Ninin (Nicolas-Adrien)........	Sapeur............	Blessé par un biscaïen à l'aine droite, dans la nuit du 24 au 25 juin; mort le lendemain.
1er.	1er.	4º.	Tournel (Pierre-Joseph-Théophile).	Idem............	Blessé par un biscaïen à la cuisse gauche, dans la nuit du 24 au 25 juin, étant à la tranchée.
1er.	1er.	4º.	Richy (Charles)............	Idem............	Blessé par une balle à la cuisse gauche, dans la nuit du 25 au 26 juin.
1er.	1er.	4º.	Lefrère (Aubin-Savinien)......	Idem............	Blessé d'une balle au-dessus de l'aine gauche, le 29 juin, dans la tranchée; mort des suites de sa blessure le 1er juillet.
1er.	2º.	Mineurs	Méens (Benjamin-Martin).....	Mineur............	Blessé assez grièvement d'un éclat de bois à la tête.
1er.	2º.	Mineurs	Friloux (Victor-Pierre).......	Idem............	Blessé légèrement au dos, d'un éclat de pierre, le 30 juin.
1er.	2º.	Mineurs	Walet (Charles-François-Vindicien).	Idem............	Blessé légèrement à l'épaule gauche par une balle, étant au service de tranchée, le 30 juin.
1er.	2º.	5º.	Raison (Nicot)............	Sapeur............	Blessé à la jambe gauche par un boulet, le 5 juin.
1er.	2º.	5º.	Courroux (Narcisse-Félix).....	Idem............	Contusionné fortement aux reins par des éclats de bois, dans la maison aux six volets verts, le 5 juin.
1er.	2º.	5º.	Ternaux (Antoine-Joseph).....	Idem............	Blessé à la bouche par une balle qui lui a cassé quatre dents, étant en tête de sape avec casque et cuirasse, au cheminement sur le bastion 6, le 16 juin.
1er.	2º.	5º.	Clévert (Joseph-Dominique)...	Idem............	Blessé à la jambe par un éclat d'obus, étant à la tranchée le 28 juin.
2º.	1er.	3º.	Gazan (Vincent)...........	Idem............	Blessé, le 30 avril, au genou gauche, au combat devant Rome, par un éclat d'obus.
2º.	1er.	3º.	Grosse (Jean-Charles)........	Idem............	Tué, le 18 juin, par un boulet, à San-Carlo.
2º.	1er.	3º.	Constant (Pierre)..........	Idem............	Blessé, le 18 juin, par un boulet, à la joue droite.
2º.	1er.	3º.	Guillet (Gaëtan)...........	Idem............	Tué, le 18 juin, par un boulet, à San-Carlo.
2º.	1er.	3º.	Pierre (Louis-Hilarion).......	Idem............	Mort à l'ambulance, à Santucci, le 25 juin, par suite d'un coup de feu à la poitrine.

SIÉGE DE ROME. 213

DÉSIGNATION			NOMS ET PRÉNOMS.	GRADES.	DÉTAIL DES BLESSURES ET LEUR SUITE.
des RÉGIMENTS.	des BATAILLONS.	des COMPAGNIES.			
2e.	1er.	3e.	Rigaud (Pierre-Auguste)......	Sapeur...............	Blessé, le 30 avril, au bras gauche, d'un coup de feu reçu devant Rome.
2e.	1er.	3e.	Roulot (Christophe Jean)......	Idem...............	Blessé, le 30 avril, sous le bras gauche, par un éclat d'obus, étant au combat devant Rome.
2e.	1er.	3e.	Bothereau (Louis-Théodore)...	Idem...............	Blessé, le 30 avril, à la fesse gauche, par un boulet mort, au combat devant Rome.
2e.	1er.	3e.	Calmettes (Jean).............	Idem...............	Légèrement contusionné, ayant eu un cheval tué sous lui en allant au dépôt des gabions.
2e.	2e.	4e.	Fabre (Joseph)..............	Idem...............	Blessé grièvement, dans la nuit du 4 juin, à l'attaque de la maison grise, est resté au pouvoir de l'ennemi; décédé à Rome, le 8 juillet 1849.
2e.	2e.	4e.	Pacaud (Jean)..............	Idem...............	Blessé grièvement à l'épaule par une balle, le 9 juin 1849, dans une reconnaissance militaire.
2e.	2e.	4e.	Bourasseau (Jacques)........	Idem...............	Blessé légèrement à la tête, dans la tranchée, par un éclat de pierre.
2e.	2e.	4e.	Olivier (Jean-Baptiste).......	Idem...............	Blessé à la tête, dans la tranchée, d'un coup de pierre.
2e.	2e.	7e.	Laroche (Pierre-Marie).......	Idem...............	Contusionné fortement au bras gauche par un boulet, en élargissant le mid-de-pie du bastion 6.
2e.	2e.	7e.	Paris (Sylvestre-Emmanuel)...	Idem...............	Blessé, le 10 juin, par une balle qui lui a traversé la main, en portant un gabion.
2e.	2e.	7e.	Mandon (François)..........	Idem...............	Blessé, le 22 juin, près de l'œil gauche, par un éclat de pierre.
2e.	2e.	7e.	Crétin (Charles-Nestor).......	Idem...............	Blessé légèrement à l'assaut, le 30 juin, par une balle à la tête.
2e.	2e.	7e.	Marguerite (Eugène-Paul).....	Idem...............	Blessé, le 17 juin, d'une balle à l'épaule gauche.

En résumé, le génie a eu 2 officiers tués et 6 blessés, 7 sous-officiers ou soldats tués et 26 blessés.

PIÈCE N° 32.

TABLEAU RÉCAPITULATIF DES BATTERIES CONSTRUITES PAR L'ARTILLERIE FRANÇAISE AU SIÉGE DE ROME, INDIQUANT LEUR ARMEMENT, L'ÉPOQUE OÙ LEUR EXÉCUTION A ÉTÉ ENTREPRISE ET CELLE DE L'OUVERTURE DE LEUR FEU.

NUMÉROS des BATTERIES.	DÉSIGNATION DES BOUCHES À FEU.					COMMENCEMENT de la CONSTRUCTION.	OUVERTURE DU FEU.	OBSERVATIONS.
	Canons		Obusiers	Mortiers				
	de 16.	de 24.	de 22°.	de 15°.	de 22°.			
N° 1.....	2	»	1	»	»	Nuit du 4 au 5 juin..	Le 5, au matin.	
N° 2.....	»	2	1	»	»	Idem............	Idem.	
Idem.....	4	»	»	»	»	Nuit du 22 au 23 juin.	23 juin.......	La batterie n° 2, qu'on avait démolie et désarmée pour employer ses gabions et ses pièces à d'autres batteries, fut reconstruite le 23 juin et pourvue d'un armement nouveau.
N° 3[1]...	»	»	»	»	4	Nuit du 5 au 6 juin..	12 juin.......	Ces deux batteries tirèrent fort peu le 12; c'est le 13 seulement que leur feu devint très-actif.
N° 4.....	2	2	»	»	»	Nuit du 7 au 8 juin..	Idem.......	
N° 5.....	2	2	1	»	»	Nuit du 10 au 11 juin.	13 juin.......	Une des pièces de 16 fut fournie par la batterie n° 1, et l'obusier fut cédé par la batterie n° 2.
N° 6.....	2	»	2	»	»	Idem............	Idem.	
N° 7.....	3	»	1	»	»	Nuit du 16 au 17 juin.	19 juin.......	Batterie de brèche contre la courtine (6-7).
N° 8.....	2	2	»	»	»	Idem............	Idem.......	Batterie de brèche contre la face droite du bastion 6; on l'arma avec les quatre pièces de la batterie n° 4.
N° 9.....	2	2	»	»	»	Nuit du 17 au 18 juin.	Idem.......	Batterie de brèche contre la face gauche du bastion 7; on l'arma avec les quatre canons de la batterie n° 5.
N° 10....	2	2	1	»	»	Idem............	20 juin.	
N° 11....	2	2	»	»	»	22 juin............	24 juin.......	On arma cette batterie avec les quatre pièces de la batterie n° 8. Elle tira très-peu le 24. Son feu recommença le 27, en même temps que celui des quatre batteries suivantes.
N° 12....	2	2	»	»	»	Nuit du 24 au 25 juin.	27 juin.......	Batterie établie dans le bastion 6.
N° 13....	2	1	1	»	»	Idem............	Idem.......	Batterie établie dans le bastion 7.
2° batterie de mortiers.	»	»	»	6[2]	»	Idem............	Idem.......	Batterie établie dans le bastion 7, à droite de la batterie n° 13.
N° 14....	3	»	»	»	»	26 juin............	Idem.......	Batterie de brèche contre le flanc gauche du bastion 8.

[1] Le 18 juin, deux des mortiers de la batterie n° 3 furent transportés dans la batterie n° 5, qui venait d'être désarmée, et les deux autres y furent également portés le 24.

[2] On y ajouta, le 2 juillet, deux mortiers de 27°, mais qui n'eurent pas à tirer.

SIÉGE DE ROME.

PIÈCE N° 33.

PARC DE SIÉGE D'ARTILLERIE.

ÉTAT
DES PRINCIPAUX OBJETS D'ARTILLERIE CONSOMMÉS PENDANT LE SIÉGE DE ROME.

NUMÉROS de LA NOMENCLATURE		DÉSIGNATION DES OBJETS.	QUANTITÉS			OBSERVATIONS.
sommaires.	détaillés.		en SERVICE.	à RÉPARER.	hors de SERVICE.	
		VOITURES ET ATTIRAILS.				
49	1	Affûts de siége avec roues sans avant-train pour canon de 24 et obusier de 22° en bronze..........	3	"	"	Flèches cassées.
62	3	Affûts à flasques en fer pour mortier de 22° à chambre tronc-conique................	2	"	"	Un flasque cassé à cl a nne.
		PROJECTILES.	Consommés			
237	"	Boulets pleins de 24................	4,116	"	"	
239	"	Boulets pleins de 16................	5,586	"	"	
254	"	Bombes de 22°................	1,621	"	"	
259	1	Obus de 22° (nouveau modèle)............	855	"	"	
263	2	Obus de 15° (ancien modèle), non chargés, servant de bombes de 15°...........	937	"	"	
		TOTAL des projectiles...........	13,115	"	"	
270	"	Boîtes à balles remplies pour canon de 24........	76	"	"	
272	"	Boîtes à balles remplies pour canon de 16........	71	"	"	
		POUDRES ET MUNITIONS.				
290	"	Poudre ordinaire à canon (kilogrammes).........	32,550	"	"	Dont 500^k délivrés au génie.
307	1	Cartouches à balles pour fusils d'infanterie et voltigeurs, à percussion..................	587,870	"	"	
307	3	Cartouches à balle cylindro-conique............	106,425	"	"	
		ARTIFICES PRÉPARÉS.				
360	3	Étoupilles fulminantes de siége et de campagne.....	21,423	"	"	

PIÈCE N° 34.

RELEVÉ DE LA VISITE DU MATÉRIEL (1ᵉʳ AOUT 1849).

Les résultats de la visite sont :

1° 6 pièces à mettre hors de service, savoir :

    4 pièces de 24,

    1 pièce de 16,

    1 obusier de 22^c;

2° 7 grains de lumière à remplacer.

---

7 canons de 24 ont tiré moyennement chacun 616 coups.

17 canons de 16 idem.................... 346 idem.

4 mortiers de 22^c idem................. 559 idem.

6 mortiers de 15^c idem................. 156 idem.

4 obusiers de 22^c idem................. 60 idem.

SIÉGE DE ROME.

PIÈCE N° 35.

SITUATION SOMMAIRE DES PRINCIPAUX OBJETS D'ARTILLERIE FRANÇAISE
EXISTANT AU PARC DE L'ARMÉE À LA DATE DU 1ᵉʳ AOÛT 1849.

DÉSIGNATION DES OBJETS.			EXISTANT		TOTAL.
			À ROME.	à CIVITA-VECCHIA.	
BOUCHES À FEU.					
Canons de siége		de 24	8	"	8
		de 16	18	"	18
Obusiers		de 22ᶜ	4	4	8
Mortiers		de 27ᶜ	2	"	2
		de 22ᶜ	6	"	6
		de 15ᶜ	6	"	6
VOITURES ET ATTIRAILS.					
Affûts	pour canon de 24 et obusier de 22ᶜ		20	"	20
	pour canon de 16		21	"	21
	pour mortiers	de 27ᶜ	3	"	3
		de 22ᶜ	8	"	8
		de 15ᶜ	6	"	6
Chariots porte-corps			2	3	5
Triqué-balles			1		1
Chariots	de batterie		1		1
	de parc		18	"	18
Charrettes de siége			10	"	10
Forges			2	"	2
Harnais complet à deux chevaux pour charrette			6	"	6
PROJECTILES.					
Boulets pleins		de 24	2,924	"	2,924
		de 16	13,494	"	13,494
Obus		de 22ᶜ	2,750	3,595	6,345
		de 15ᶜ	4,663	390	5,053
Bombes		de 27ᶜ	449	1,049	1,498
		de 22ᶜ	1,484	1,495	2,979
Boîtes à balles pour canons		de 24	84	"	84
		de 16	129	240	369

DÉSIGNATION DES OBJETS.			EXISTANT		TOTAL.
			à ROME.	à CIVITA-VECCHIA.	
POUDRES.					
Poudres (kilogrammes)...	ordinaire à canon...............		58,400	2,250	60,650
	à fusils......................		"	2,000	"
MUNITIONS.					
Cartouches à boulets pour canons............		de 12.................	663	"	663
		de 8.................	728	2,176	2,904
Sachets remplis à canon pour boîtes à balles.........		de 12.................	82	"	82
		de 8.................	106	128	234
Obus chargés....................		de 16ᶜ................	141	"	141
		de 15ᶜ................	240	950	1,190
Boîtes à balles remplies...	pour canons............	de 12.................	82	"	82
		de 8.................	100	321	421
	pour obusiers..........	de 16ᶜ................	30	"	30
		de 15ᶜ................	129	100	229
Sachets remplis........	pour obusier de 16ᶜ.....	Grandes charges........	84	"	84
		Petites charges........	112	"	112
	pour obusier de 15ᶜ.....	Grandes charges........	88	267	355
		Petites charges........	215	840	1,055
Étoupilles fulminantes................			6,183	28,096	34,279
Cartouches à balles pour fusils (à percussion)...	de rempart..........		"	3,000	3,000
	d'infanterie..........		2,058,600	908,030	2,966,630
	cylindro-conique........		113,470	191,515	304,985
ARMES.					
Fusils neufs...........	d'infanterie à percussion, modèle 1840.........		"	70	70
	de rempart, modèle 1844........................		"	50	50
AGRÈS ET ENGINS.					
Chèvres avec poulies et câble.............................			2	"	2
Chevrettes..			3	"	3
Crics...			2	"	2
Brouettes...			6	"	6
Cividres..			4	"	4

NOTA. Il existe encore des armements, assortiments, outils à pionniers et tranchants, objets nécessaires à la construction des batteries, rechanges, artifices et objets divers, dont la nomenclature ne peut trouver place dans une situation telle que celle-ci.

SIÉGE DE ROME.

PIÈCE N° 36.

ÉTAT

DES OUTILS OU OBJETS DIVERS DU MATÉRIEL DU GÉNIE CONSOMMÉS PENDANT LE SIÉGE DE ROME.

DÉSIGNATION DES OUTILS OU OBJETS DIVERS existant au parc.	QUANTITÉS possédées par suite des envois successifs.	QUANTITÉS consommées pendant le siége.	OBSERVATIONS.
Pelles rondes.............................	3,290	498	
Pelles carrées.............................	266	21	
Pioches...................................	1,930	474	
Haches (de parc).........................	264	87	
Serpes...................................	354	84	
Pics à roc................................	90	6	
Manches d'outils.........................	1,665	1,265	
Agrès pour tête de sape.................	12	»	Plusieurs casques et cuirasses ont été fortement endommagés par le choc des projectiles de l'ennemi.
Sacs à terre..............................	30,260	18,854	
Échelles d'assaut.........................	15	4	
Crochets d'assaut........................	4	4	
Pétards..................................	9	»	
Saucisson chargé.........................	50m	20m	
Cordeau porte-feu........................	112m	12m	
Fusées de sûreté.........................	20	»	
Boussole.................................	1	»	Avec son pied.
Équerres d'arpenteur.....................	2	»	Avec leurs pieds.
Mires....................................	1	»	
Planchettes..............................	3	»	
Rapporteurs en corne....................	6	4	Perdus dans les travaux des levers qui ont suivi le siége.
Niveau à bulle d'air.....................	1	»	
Chaînes d'arpenteur.....................	4	»	
Roulettes de 10m........................	4	2	Idem.
Truelles.................................	12	2	Idem.
Marteaux de maçon......................	12	6	Idem.

Les voitures attelées du parc étaient au nombre de six, avec leurs agrès et leurs caisses, dont le chargement comptait parmi les objets qu'on vient de détailler.

En outre, chacune des six compagnies du génie avait, à sa suite, une prolonge attelée de quatre chevaux et deux chevaux de bât portant des caisses. Chaque compagnie possédait ainsi son assortiment d'outils distincts de ceux du parc, indépendamment, d'ailleurs, des outils portatifs des hommes.

PIÈCE N° 37.

Dès le 29 mai, les instructions qui suivent avaient été mises à l'ordre de l'armée.

INSTRUCTION
RELATIVE AUX PRÉCAUTIONS HYGIÉNIQUES À OBSERVER POUR LES TROUPES.

VÊTEMENTS.

Les hommes auront soin de se vêtir de manière à éviter le froid du matin et du soir, de conserver leur capote jusqu'à une heure après le lever du soleil et de la remettre une heure avant son coucher. Cette même précaution devra être prise pendant les journées froides et humides.

Pendant la nuit, ils se couvriront la tête, le haut du visage et le cou, afin d'éviter les maladies des yeux et des oreilles. Il sera fait prochainement une distribution de ceintures de flanelle. Dans les corps qui en auront reçu, on veillera à ce que les hommes les portent constamment, et surtout à ce qu'ils ne les quittent pas quand ils sont en sueur.

NOURRITURE.

Les hommes devront être fort sobres de liqueurs alcooliques, user médiocrement de vin, et lui préférer, en toute circonstance, le café léger, tels qu'ils le faisaient en Afrique. Ils devront éviter, pour se désaltérer, de boire de l'eau trop fraîche ou stagnante; dans le cas où ils n'en auraient pas d'autre, ils se contenteraient de se rincer la bouche, et ne boiraient point une eau insalubre.

Les distributions de viande seront, autant que possible, faites en viande fraîche; mais, lorsqu'on sera dans la nécessité de donner aux troupes de la viande salée, les hommes auront soin de la faire tremper dans de l'eau, qu'ils renouvelleront de temps en temps. Les officiers chargés de l'ordinaire se mettront en mesure de procurer aux hommes des légumes pour la soupe, et recommanderont l'emploi de l'ail comme très-hygiénique.

MESURES GÉNÉRALES DE PROPRETÉ.

Dans le but d'éviter les affections de la peau, les hommes devront se laver fréquemment le visage, les mains et les pieds, mais éviter de se mettre dans l'eau étant en sueur. L'usage des bains est, jusqu'à nouvel ordre, formellement interdit.

Dans les latrines établies dans les divers camps, on aura soin de recouvrir de terre, chaque jour, les excréments de la veille, et de nouvelles latrines seront creusées quand les premières auront été comblées.

Des dépôts d'immondices seront établis en arrière des lignes occupées par les troupes. Les corvées de propreté du camp seront surveillées avec soin par les chefs des gardes de police, et les ordures seront portées aux dépôts désignés.

SIÉGE DE ROME. 1849.

Carte d'ensemble des travaux d'attaque et des positions occupées par les troupes du Corps expéditionnaire pendant les dernières opérations du siège.

FEUILLE N° 1.

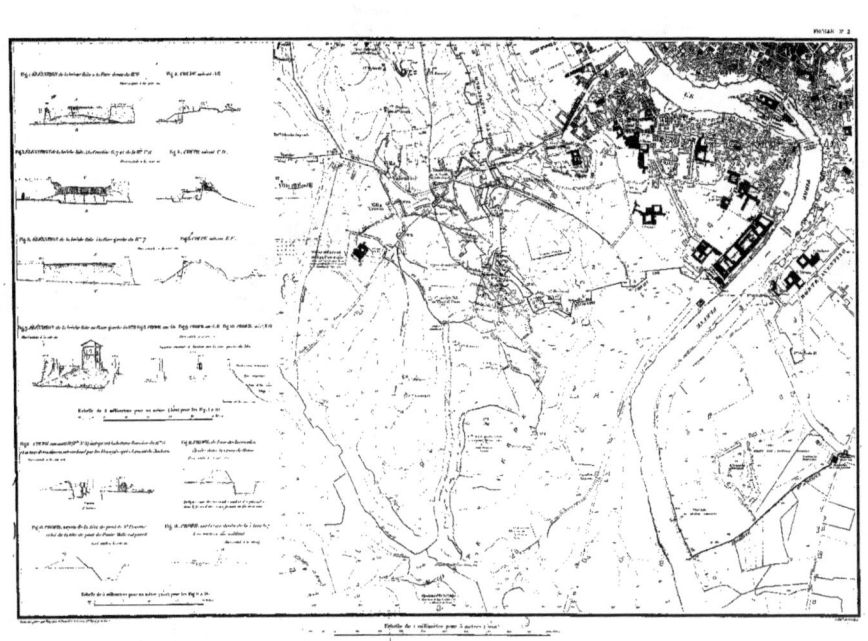

SIÈGE DE ROME, 1849.

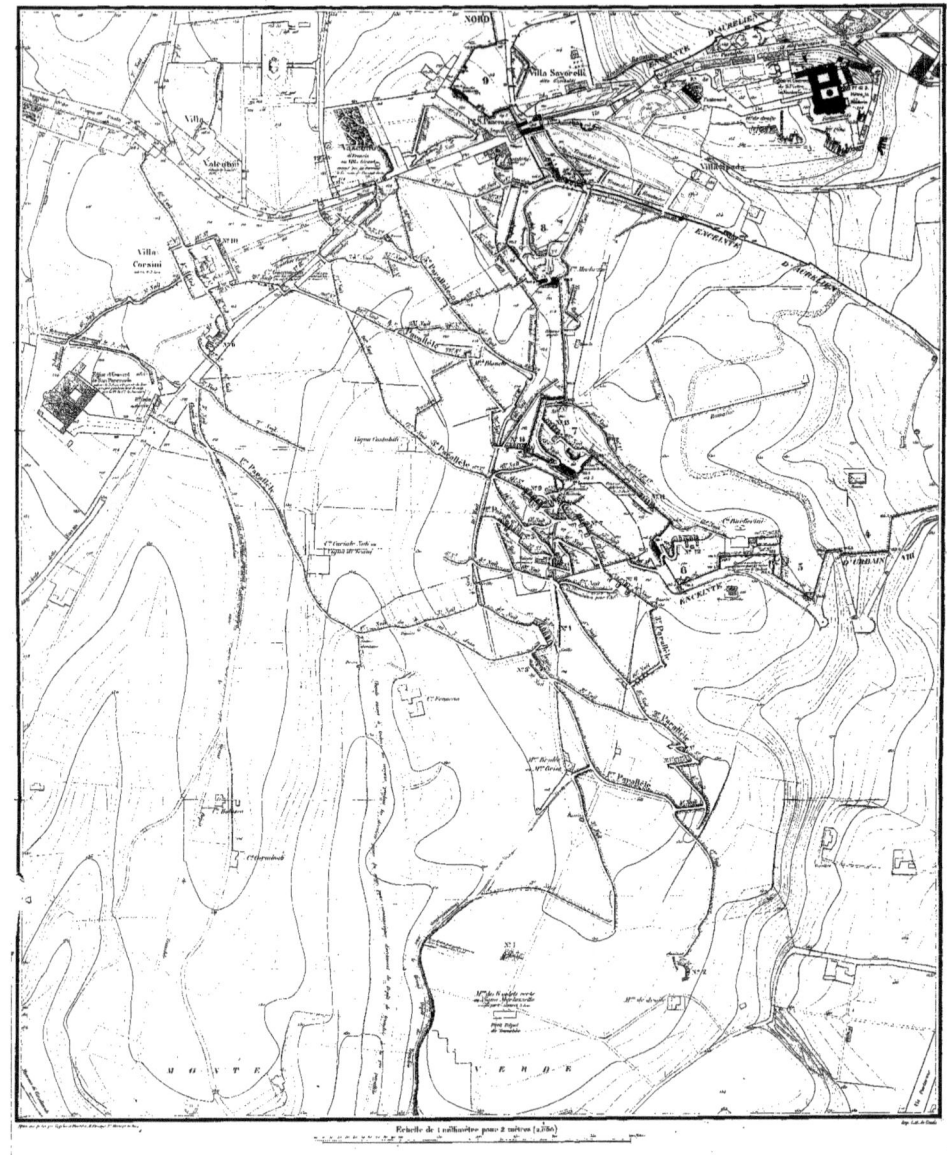

www.ingramcontent.com/pod-product-compliance
Lightning Source LLC
Chambersburg PA
CBHW051905160426
43198CB00012B/1758